铁路货运安全
管理体系建设探析

邵　蕾◎著

经济日报 出版社

北京

图书在版编目 (CIP) 数据

铁路货运安全管理体系建设探析 / 邵蕾著 . –– 北京：
经济日报出版社 , 2024.9

ISBN 978-7-5196-1424-9

Ⅰ . ①铁… Ⅱ . ①邵… Ⅲ . ①铁路运输 – 货物运输 –
安全管理体系 – 建设 – 研究 Ⅳ . ① U298.3

中国国家版本馆 CIP 数据核字 (2023) 第 256754 号

铁路货运安全管理体系建设探析
TIELU HUOYUN ANQUAN GUANLI TIXI JIANSHE TANXI

邵　蕾　著

出　　版：经济日报出版社
地　　址：北京市西城区白纸坊东街 2 号院 6 号楼 710（邮编 100054）
经　　销：全国新华书店
印　　刷：武汉恰皓佳印务有限公司
开　　本：710mm×1000mm　1/16
印　　张：12
字　　数：174 千字
版　　次：2024 年 9 月第 1 版
印　　次：2024 年 9 月第 1 次印刷
定　　价：72.00 元

前言

　　本书旨在深入探讨铁路货运安全管理体系的建设，通过对安全管理理论基础、安全管理体系内容、安全分析与安全评价、应急管理、奖惩管理以及分析与总结六个方面的系统阐述，为铁路货运行业提供了一套科学、全面、可操作的安全管理指南。

　　安全管理是铁路货运事业的生命线，关系广大员工的生命财产安全，也直接影响着行业的可持续发展。通过理论基础的建立，相关人员可以更好地认知事故发生的规律，采取有针对性的措施。在此基础上，建立完善的安全管理体系，包括组织机构设置、安全生产费的投入与使用、安全生产责任制等方面，确保责任的层层落实，形成科学的管理框架。同时，注重安全教育培训、货运和装载加固安全管理、行车安全管理等环节，全方位提高从业人员的安全意识和应对能力。在安全分析与安全评价方面，通过建立安全生产委员会、月度安全例会、安全专题分析会、事故调查分析会等机制，不仅能及时发现问题，还能通过评价方法的介绍与适用范围，全面评估安全管理体系的有效性。应急管理是铁路货运体系中至关重要的一环，详细的应急预案、培训与演练的有序进行以及与相关单位构建的多边应急救援体系，将为在紧急情况下的应对提供有力支持。奖惩管理作为安全管理的重要手段，通过奖励激励和惩治追责的方式，形成安全管理的正向激励机制。最后，通过定期的分析与总结，及时发现问题并制定改进措施，不断完善管理体系，引入新理念和技术手段，提高铁路货运的整体安全水平。

　　本书的编写得益于广大从业人员实践经验的总结和前辈学者的研究成果。希望通过本书的阐述，能够为铁路货运安全管理提供一些建设性的思路和方法，为铁路货运行业的安全发展贡献一份力量。希望读者在阅读过程中，能够深刻领悟安全管理的重要性，不断提升自身的安全素养，共同构建一个更加安全可靠的铁路货运体系。

邵蕾

目 录 contents

第一章　安全管理理论基础

第一节　安全管理概述

铁路货运安全管理，作为铁路运输管理的重要组成部分，不仅关乎铁路运输的顺利进行，更是铁路安全的重要保障。它涵盖了从货物装载、运输到卸载的整个过程，每一环节都须严格把控，以确保货物的安全、完整。铁路货运安全管理的首要任务是预防事故的发生。这要从多个方面入手，如提高员工的安全意识、定期进行设备检查和维护、制定应急预案等。此外，对货物的监管也是不可或缺的一环，须确保货物的正确装载和牢固，以防止在运输过程中发生倾覆或损坏。在安全管理策略上，应注重风险评估和隐患排查。通过对运输过程中的各种风险进行评估，可以及时发现潜在的安全隐患，并采取相应的措施加以解决。此外，建立完善的安全管理制度也是关键。这包括但不限于安全检查制度、应急预案制度等，以确保在突发情况下能够迅速、有效地应对。为了提高铁路货运安全管理的水平，还应加强技术研发和引进。例如，采用先进的货物追踪技术，可以实时监控货物的位置和状态，及时发现和处理问题。同时，借助大数据和人工智能等技术手段，可以对运输数据进行深度分析，为安全管理提供有力支持。

第一，铁路货运安全管理的主要任务是确保货物在运输过程中的安全，防止货物损坏、丢失或被盗。第二，铁路货运安全管理还需要确保货物的及时送达，满足客户的需求。为了完成这些任务，铁路货运安全管理需要采取一系列的策略。加强货物的装载和加固，以防止货物在运输过程中发生损坏或倾覆。第三，要加强货物的监管和维护，及时发现和处理货物的问题。为了提高铁路货运的安全性，还需要加强员工的安全意识和技能培训，提高员工的安全意识和技能水平。第四，铁路货运安全管理还需要加强与其他部门的协作和配合，共同保障铁路运输的安全和稳定。第五，中级注册安全工程师和铁路安全管理岗位在铁路货运安全管理方面，都承担着重要的职责。

中级注册安全工程师的职责主要包括：

（1）制定和执行铁路货运安全管理制度和操作规程，确保货运过程的安全和规范。

（2）开展货运安全检查，及时发现和整改安全隐患，确保货物运输的安全。

（3）对货运人员进行安全培训和教育，提高他们的安全意识和操作技能。

（4）参与货运事故的调查和处理，分析事故原因，提出改进措施。

铁路安全管理岗位的职责主要包括：

（1）制定和执行铁路货运安全管理政策和规划，确保铁路货运的安全和稳定。

（2）监督和检查货运安全管理制度和操作规程的执行情况，确保各项安全措施得到有效落实。

（3）协调和处理货运过程中的各种安全问题，确保货物运输的顺利进行。

（4）对铁路货运人员进行安全管理和培训，提高他们的安全意识和操作技能。

中级注册安全工程师和铁路安全管理岗位在铁路货运安全管理方面，都需要严格遵守国家和行业的相关法规和标准，加强安全管理，提高货运人员的安全意识和操作技能，确保铁路货运的安全和稳定。

第二节　安全管理科学理论

一、事故频发倾向理论

事故频发倾向理论认为，一些个人或组织存在一种特殊的倾向，容易发生事故。这些人或组织可能存在一些潜在的缺陷或不良习惯，导致他们在工作中容易犯错或疏忽，从而引发事故。

该理论认为，事故的发生不仅是由于一些偶然的因素，而且是由于一些内在的因素所导致的。这些内在因素可能是个人的性格、习惯、技能水平、工作态度等。如果一个人或组织存在这些内在的问题，他们就更容易发生事故。

为了减少事故的发生，该理论建议对个人或组织进行深入的分析和评估，找出潜在的缺陷或不良习惯，并采取有效的措施进行改进。这包括加强培训、提高技能水平、改变工作流程、改善工作环境等。通过这些措施，可以有效地降低事故发生的概率，提高生产安全。

铁路安全管理和事故频发倾向理论是两个相关的概念。中级注册安全工程师是负责制订和执行铁路安全管理计划的专业人员，他们需要深入理解事故频发倾向理论，以确保铁路系统的安全运行。事故频发倾向理论认为，某些个人或组织在特定的环境下更容易发生事故。这一理论的关键在于如何识别和管理这些"事故频发倾向"，以减少事故的发生。在铁路安全管理中，这一理论的应用主要体现在对员工的培训、行为观察、设备维护和事故预防措施等方面。通过对员工行为的细致观察和管理，以及对设备状况的定期检查和维护，可以有效地减少事故的发生。

在铁路安全管理中，中级注册安全工程师扮演着至关重要的角色。他们需要深入理解和运用事故频发倾向理论，基于这一理论，工程师们须制订和执行有效的铁路安全管理计划，以减少事故的发生，确保铁路系统的安全运行。

第一，中级注册安全工程师须全面了解事故频发倾向理论。这一理论不仅关注个体或组织的特性，还强调了环境、管理等因素对事故发生的影响。为了制订出有效的安全管理计划，工程师们需要对铁路系统的各个环节进行深入分析，提前找出潜在的事故安全隐患。

第二，制订安全管理计划是关键。计划应包括预防措施、应急预案以及事故后的处理程序。预防措施包括定期检查设备、培训员工、制定安全规程等，目的是降低事故发生的可能性。应急预案则是在事故发生后迅速采取行动，是减小事故影响的关键。同时，事故后的处理程序也十分重要，它能帮助组织总结经验教训，防止类似事故再次发生。

第三，在执行安全管理计划的过程中，中级注册安全工程师需要密切关注计划的实施效果。他们须通过收集和分析数据来评估计划的成效，并根据实际情况进行调整和改进，这需要工程师具备丰富的专业知识和敏锐的观察力和判断力。

中级注册安全工程师在铁路系统中的作用并不仅仅局限于自身的专业领域，他们还须与其他相关部门进行密切的合作，共同维护铁路系统的安全运行。这种合作是多方面的，既包括与运营部门、技术部门等铁路内部机构的合作，也包括与政府部门等外部机构的合作。

（一）作为中级注册安全工程师，需要与运营部门建立有效的沟通机制

运营部门是铁路系统的核心，负责列车日常的调度、管理和维护。中级注册安全工程师需要与运营部门保持密切的联系，及时了解列车运行的情况，发现潜在的安全隐患，并提供相应的解决方案。同时，他们还需要对运营部门的工作人员进行安全培训，提高他们的安全意识和应对突发事件的能力。

（二）中级注册安全工程师还需要与技术部门进行深入的合作

技术部门负责铁路系统的技术保障和设备维护，是铁路安全的重要支撑。中级注册安全工程师须和技术部门共同制订设备维护的计划，以确保设备的正常运行；同时，他们还须对设备的更新和改造提出建议，以适应铁路系统的发展和变化。

（三）中级注册安全工程师还需要与政府部门保持密切的联系

政府部门负责铁路系统的监管和政策的制定，对铁路系统的安全运行具有重要的影响。中级注册安全工程师需要向政府部门及时报告铁路系统的安全状况，提出改进的建议；同时，他们还须接受政府部门的检查和评估，确保铁路系统符合国家的相关标准和规定。

为了更好地与其他部门合作，中级注册安全工程师须具备良好的沟通能

力和协调能力。他们要了解不同部门的工作特点和需求，掌握有效的沟通技巧，能够妥善处理各种矛盾和问题。同时，他们还须具备全局观念，从整体的角度出发，协调各个部门的工作，确保铁路系统的安全运行。

二、海因里希因果连锁理论

海因里希因果连锁理论，也被称为海因里希模型或多米诺骨牌理论，由海因里希首次提出，主要用于阐明导致伤亡事故的各种原因，以及这些原因与事故之间的关系。该理论认为，伤亡事故的发生不是一个孤立的事件，而是一系列事件相继发生的结果。具体到铁路货运安全管理的情境，这种理论同样适用。

（一）理解人员伤亡的发生是事故的后果

在铁路货运中，伤亡通常指的是工作人员或其他相关人员在执行任务或操作时受到的伤害。人员伤亡是事故发生后的直接后果。在铁路货运领域，伤亡通常指的是在执行任务或操作过程中受到伤害的工作人员或其他相关人员。为了深入理解这一现象，要探究人员伤亡背后的原因。其中，人为因素是导致铁路货运事故的主要原因之一。例如，操作失误、违反安全规程、疲劳工作等都可能导致事故发生。此外，设备故障、自然灾害等也是不可忽视的因素。为了减少人员伤亡，铁路货运企业需要采取一系列措施：加强安全培训和教育，提高员工的安全意识和操作技能；完善安全管理制度和操作规程，确保员工在工作过程中有章可循、有规可依。此外，加强设备维护和检修，确保设备处于良好的工作状态也是至关重要的。当然，不能忽视法律法规在铁路货运安全方面的重要作用。政府应加强对铁路货运行业的监管，制定更加严格的安全标准和法规，并严格执法，对违规行为进行严厉处罚。

（二）事故的发生是由于人的不安全行为和物的不安全状态

在铁路货运中，安全问题至关重要。人的不安全行为和物的不安全状态都是影响铁路货运安全的重要因素。第一，人的不安全行为包括违反安全规定、疏忽大意、操作错误等。这些行为都可能导致严重的后果，如货物损失、列车事故等。例如，货运列车司机违反了列车运行规定，超速行驶或未按规定停车，就可能导致列车脱轨或发生碰撞事故。此外，如果工作人员在装卸货物时疏忽大意，可能会导致货物损坏或人身伤害。因此，铁路货运企业应该加强对员工的安全教育和培训，提高员工的安全意识和技能水平，确保他们能够遵守安全规定，避免不安全行为的发生。第二，物的不安全状态包括设备故障、设施缺陷、环境条件不良等。这些状态都可能导致铁路货运事故的发生。例如，铁路货运列车出现了机械故障或电气故障，就可能会导致列车无法正常运行，甚至发生事故；铁路货运设施存在缺陷，如轨道不平整、桥梁损坏等，也可能会导致列车损坏或发生人身伤害；环境条件不良也可能影响铁路货运安全，如大风、暴雨、大雾等恶劣天气条件都可能对列车运行造成影响。因此，铁路货运企业应该加强对设备设施定期的维护和保养，确保设备设施的正常运行和安全性。同时，也需要加强对生态环境的监测和预警，提前采取应对措施，确保铁路货运的安全。

人的不安全行为和物的不安全状态都是影响铁路货运安全的重要因素。为了确保铁路货运的安全，铁路货运企业应该加强对员工的安全教育和培训，提高员工的安全意识和技能水平；同时，需要加强对设备设施的维护和保养，确保设备设施的正常运行和安全性。只有这样，才能有效地避免铁路货运事故的发生，保障人民的生命财产安全。

（三）人的不安全行为或物的不安全状态是由于人的缺点造成的

这里的缺点指的是个人的生理、心理状态以及个人的认知能力、行为习惯等方面的不足。

人的不安全行为或物的不安全状态是由于人的缺点造成的。这个观点确实有一定的道理，因为人的不安全行为或物的不安全状态往往与个人的生理、心理状态以及个人的认知能力、行为习惯等方面的不足有关。

第一，从生理角度来看，有些人可能存在身体上的缺陷或疾病，导致他们无法像正常人一样感知或应对危险。例如，视力、听力障碍或身体残疾的人在操作机器或行走时会面临更大的风险。此外，疲劳、醉酒等生理状态也可能使人无法保持正常的安全意识。

第二，心理因素也对人的不安全行为产生影响。例如，情绪波动、压力过大、焦虑、抑郁等心理状态可能会使人作出冲动的决定或忽视安全措施。此外，自私、冒险、侥幸等不良心理习惯也可能使人置身于危险之中。

第三，个人认知能力也是影响不安全行为的重要因素。有些人可能缺乏对危险的认识或判断能力，无法准确评估自己的行为是否安全。例如，一些人在操作机器时可能没有意识到自己的操作不当会导致事故。还有一些人可能缺乏必要的知识和技能，无法正确应对紧急情况或采取安全措施。

第四，行为习惯也是影响不安全行为的因素之一。有些人可能习惯性地忽视安全规定或警告，冒险行事。这种习惯性的不安全行为往往是由于个人的行为习惯、价值观或文化背景等因素导致的。

（四）人的缺点是由不良环境诱发的，或者是由先天的遗传因素造成的

这是一个长久以来备受争议的话题。在深入探讨这个问题之前，首先需要明确什么是"缺点"。简单来说，缺点是指个体在某些方面存在的不足或缺陷，可能是性格上的、行为上的或者是能力上的。当谈论不良环境对人的影响时，要明确什么是"不良环境"。在铁路货运的背景下，不良环境包括恶劣的气候条件、高强度的工作压力、不健康的工作环境等。这些环境因素会对人的心理和生理状态产生负面影响，进而导致各种行为问题和工作效率下降。以铁路货运工人为例，他们经常需要在极端天气条件下工作，如酷暑、严寒和暴风雨等。这种恶劣的气候条件不仅会对工人的身体健康造成影响，还可能导致他们出现焦虑、抑郁等心理问题。此外，铁路货运工作通常具有高强度和高压力的特点，要求工人在有限的时间内完成大量的任务。这种工作压力可能导致工人出现疲劳、注意力不集中等问题，进而影响他们的工作表现。然而，企业也不能忽视遗传因素在人的缺点形成中的作用。事实上，许多研究表明，遗传因素在性格、行为和能力的形成中扮演着重要角色。例如，一些人天生更容易焦虑或抑郁，这可能与遗传因素有关。同样地，某些职业能力，

如空间感知能力、手眼协调能力等，也受到遗传因素的影响。

铁路货运的安全管理需要考虑所有这些因素。这不仅包括改善工作条件、提高员工的生理和心理健康，也包括提高员工的安全意识和技能，以及改善设备和设施的安全性能。只有这样，才能有效地防止事故的发生，保护工作人员的安全和健康。

三、现代因果连锁理论

现代因果连锁理论认为，事件的发展和结果之间存在着因果关系，这种关系可以由一系列的连锁反应来解释。因果连锁理论的核心是因果链，它是由一系列的因果关系组成的，每一个因果关系都由因和果组成。在因果链中，因是导致结果发生的原因，而果则是因所导致的后果。因果连锁理论认为，事件的发展和结果之间存在着因果关系，这种关系可以由一系列的连锁反应来解释。因果连锁理论认为，因果链中的每一个因果关系都是相互关联的，它们之间存在着一定的逻辑关系。这种逻辑关系可以是直接的或间接的，也可以是单一的或多元的。在因果链中，每一个因果关系都是不可或缺的，它们共同构成了整个因果链。

现代因果连锁理论的应用非常广泛，可以用于解释各种事件的发展和结果。例如，在商业领域中，因果连锁理论是一个重要的概念，它可以帮助相关人员更好地理解市场变化、消费者行为和企业决策等方面的原因和结果。因果连锁理论认为，一系列的因果关系可以形成一个连锁反应，从而影响商业领域的各个方面。

第一，因果连锁理论可以帮助人们更好地理解市场变化。市场变化是由多种因素共同作用的结果，这些因素之间存在着复杂的因果关系。通过因果连锁理论，可以分析这些因素之间的相互作用，从而更好地预测市场变化趋势，并制定相应的策略。例如，一家公司发现其市场份额下降，它可以通过因果连锁理论分析导致市场份额下降的各种因素，如产品质量、价格、竞争对手的策略等，并采取相应的措施来提高市场份额。

第二，因果连锁理论可以帮助企业更好地理解消费者行为。消费者行为是由多种因素共同作用的结果，这些因素之间同样存在着复杂的因果关系。通过因果连锁理论，可以分析这些因素之间的相互作用，从而更好地理解消费者行为，并制定更有效的营销策略。例如，一家公司发现其广告效果不佳，它可以通过因果连锁理论分析导致广告效果不佳的各种因素，如广告创意、投放渠道、目标受众等，并采取相应的措施来提高广告效果。

第三，因果连锁理论还可以帮助人们更好地理解企业决策。企业决策是由多种因素共同作用的结果，这些因素之间同样存在着复杂的因果关系。通过因果连锁理论，可以分析这些因素之间的相互作用，从而更好地理解企业决策的背景和原因，并制定更有效的策略。例如，一家公司决定进入新的市场，它可以通过因果连锁理论分析进入新市场的各种因素，如市场规模、竞争状况、资源投入等，并采取相应的措施来降低风险和提高成功率。

在心理学领域中，因果连锁理论是一种重要的理论框架，用于解释人类行为和心理过程的复杂相互作用。该理论认为，人类行为和心理状态之间存在着一种因果连锁关系，其中某些因素会导致其他因素的产生，进而影响个体的行为和心理状态。

（一）因果连锁理论强调了因果关系的连续性

它认为，一个事件的发生会导致另一个事件的发生，而这些事件之间存在着因果关系。例如，当个体遇到压力时，可能会导致焦虑和抑郁等心理状态的出现。这些心理状态又会影响个体的行为，如逃避社交、降低工作和学习效率等。

（二）因果连锁理论强调了因果关系的多元性

它认为，一个事件的发生可能由多个因素共同作用所导致。例如，个体在遇到压力时，可能同时受到遗传、环境和个人经历等多种因素的影响。这些因素相互作用，共同决定了个体对压力的反应和心理状态。

（三）因果连锁理论强调了因果关系的方向性

它认为，因果关系是有方向的，原因在前，结果在后。例如，在上述的例子中，压力是导致焦虑和抑郁的原因，而不是相反。这种方向性有助于相关人员更好地理解心理状态和行为之间的相互作用关系。

为了更好地应用因果连锁理论，心理学家进行了一系列实证研究。这些研究通过观察和实验等方法，探讨了因果连锁理论在各种情境下的适用性和有效性。例如，一项研究发现，当个体面临压力时，如果能够采取积极应对策略，如寻求支持或进行放松训练等，可以有效地缓解焦虑和抑郁等心理状态。

因果连锁理论在心理学领域中具有重要的应用价值。它能够帮助人们更好地理解人类行为和心理过程的相互作用关系，并提供了一种有效的工具来研究和解决各种心理问题。通过深入研究和应用因果连锁理论，可以更好地理解人类行为和心理状态的复杂性，并为个体提供更好的支持和帮助。在生物学领域，因果连锁理论是一个重要的理论框架，用于解释生物体和生态系统的变化和演化。该理论认为，生物体的各种特征和行为之间存在着复杂的因果关系，这些关系像连锁反应一样相互影响，最终导致生物体的演化。

因果连锁理论强调生物体的复杂性。生物体不是由单一因素决定的，而是由多种因素相互作用的结果。这些因素包括基因、环境、行为和社会因素等。例如，基因决定了生物体的基本特征，但环境因素和社会因素也会影响这些特征的表达。

因果连锁理论认为，生物体的演化是因果关系不断变化的结果。在漫长的演化历程中，某些因果关系可能会发生变化，从而导致生物体的特征和行为也随之发生变化。例如，随着环境的改变，某些基因的表达可能会发生变化，从而导致生物体的适应性发生变化。

因果连锁理论还强调生态系统的复杂性。生态系统中的各种生物之间存在着复杂的相互作用和依存关系，这些关系也像连锁反应一样相互影响。例如，一种植物的繁衍可能会影响土壤的肥力，进而影响其他植物的生长和繁衍。

因果连锁理论在生物学领域中具有重要的应用价值。它可以帮助相关人员更好地理解生物体的复杂性和演化历程，以及生态系统中的各种相互作用和依存关系。通过深入研究因果连锁理论，相关人员可以更好地认识生命现象的本质，并为未来的生物学研究提供有益的启示。

现代因果连锁理论在铁路货运安全管理中的应用是一个复杂而重要的议题。因果连锁理论，也被称为事故致因理论，它试图揭示事故发生的根本原因，从而预防类似的事故再次发生。对于铁路货运来说，安全管理至关重要，因为它直接关系人民的生命安全和财产安全。

因果连锁理论认为，事故的发生不是一个孤立的事件，而是由一系列因果关系的事件所导致。这些事件按顺序排列，一旦某个环节出现故障，就会导致后续事件接连发生，最终引发事故。因此，预防事故的关键在于控制初始的触发事件，阻止连锁反应的发生。

在铁路货运中，可以将因果连锁理论应用于安全管理的各个方面。

1. 需要识别可能导致事故的触发事件

在铁路货运的安全管理中，因果连锁理论的应用具有极其重要的意义。需要深入挖掘可能导致事故发生的触发事件。这些触发事件可能源自设备故障、人为错误、环境因素等多个方面。设备故障是铁路货运中常见的问题之一。为了确保运输安全，铁路公司需要定期对列车和相关设备进行维护和检查，及时发现并修复潜在的故障。此外，采用先进的故障检测技术，如传感器和数据分析工具，能够更快速、准确地发现设备异常，从而降低事故风险。人为错误也是导致铁路事故的重要因素之一。为了减少人为错误，铁路公司需要加强员工培训，提高员工的技能和安全意识。此外，实施严格的规章制度和操作规程，确保员工在工作中遵循安全标准，也是降低事故风险的重要措施。环境因素同样不可忽视。天气条件、地形地貌、线路周边环境等都可能对铁路货运安全产生影响。铁路公司需要密切关注天气预报和地质灾害预警，提前采取应对措施。加强线路巡查和维护，确保线路状况良好，降低事故风险。

2. 需要分析这些事件之间的因果关系，找出根本原因

例如，设备故障可能是由于维护不当或设计缺陷所致，人为错误可能是由于培训不足或操作规程不明确所引发。针对这些根本原因，制定相应的预防措施。例如，加强设备的日常维护和定期检查，提高员工的安全意识和操作技能，

明确操作规程和岗位职责等。通过这些措施，可以降低事故发生的可能性。

3. 持续的安全监测和评估也是必要的

通过收集和分析数据，可以了解安全管理的效果，及时发现潜在的问题，并采取相应的改进措施。同时，建立应急预案也是至关重要的。在事故发生时，能够迅速、有效地应对，以减少损失和影响。

现代因果连锁理论为铁路货运安全管理提供了一个有效的框架。通过识别、分析和控制触发事件，可以降低事故发生的可能性，保障铁路货运的安全。同时，持续的监测、评估和改进也是必不可少的，以确保安全管理的长期有效性。

四、能量意外释放理论

能量意外释放理论是一种解释地震成因的理论。该理论认为，地球内部的能量积累到一定程度后，会通过地震的方式释放出来。这个理论的基础是，地球内部存在着大量的热能和弹性应变能，当这些能量积累到一定程度时，会以地震的形式释放出来。在能量意外释放理论的框架下，地震被视为地球内部能量释放的自然现象。当地球内部的能量积累到一定程度时，会寻找最薄弱的地方释放出来，从而引发地震。这个理论也可以解释为什么地震常常发生在板块边界、断层带等地区，因为这些地区是地球内部能量积累和释放的热点。

能量意外释放理论是目前对地震成因被最广泛接受的理论之一。尽管人们仍然无法准确预测地震的发生，但这个理论为其理解地震的成因和机制提供了重要的基础。同时，这个理论也提醒人们，地震是一种自然现象，人类无法完全避免其带来的灾害，但可以通过加强防灾减灾措施，减少地震带来的损失。

能量意外释放理论的核心观点是，事故的发生通常是由于能量（如机械能、电能、化学能等）失去控制，意外地释放或逸出，导致进行中的活动中止。在铁路运输行业中，这种能量的意外释放表现为列车脱轨、相撞、火灾或爆炸等事故。

中级注册安全工程师是铁路运输领域中不可或缺的重要角色，他们负责制定和执行安全策略和程序，通过深入理解能量意外释放理论，能够预防和减少铁路运输中的事故。中级注册安全工程师的工作涉及广泛，他们需要运用专业的知识和技能对现有的安全措施进行全面评估，判断其是否足够有效。对各种可能引发事故的因素进行深入分析。包括对设备、人员、环境等多个方面的考量。

能量意外释放理论认为，能量在未受控制的情况下意外释放是导致事故发生的主要原因。因此，工程师们需要密切关注铁路运输过程中可能存在的能量意外释放隐患。例如，对轨道、车辆、信号系统等关键设施进行定期检查和维护，确保其安全可靠。为了更好地履行职责，中级注册安全工程师需要不断学习和更新知识。他们需要了解最新的安全标准和技术，以便在制定安全策略和程序时能够充分考虑各种因素。此外，他们还需要具备良好的沟通能力和团队协作精神，与相关部门密切合作，共同维护铁路运输的安全。

中级注册安全工程师的工作关乎铁路运输的安全，更关系人们的生命财产安全。因此，企业应该对他们的专业能力和付出给予充分的认可和尊重。

对于铁路安全管理来说，能量意外释放理论同样适用。铁路运输行业的特点是速度快和能量储量大。如果能量失去控制，必然会造成严重的事故。因此，铁路安全管理需要特别注意防止能量的意外释放。例如，通过定期维护和检查列车设备，确保其处于良好的工作状态，以及制定应急预案以应对可能的事故。

能量意外释放理论为铁路安全管理提供了一个重要的框架，帮助理解事故发生的原因，并指导如何采取有效的措施来预防事故的发生。

五、轨迹交叉理论

轨迹交叉理论是一种解释事故发生原因的理论，它认为事故的发生是由一系列相互交织的因素和行为所导致的。这个理论的核心思想是，当致害因素在轨迹上与受害者的行为轨迹相交时，就会发生事故。

轨迹交叉理论是铁路安全管理中的一种重要理论。该理论认为，事故的发生通常由两种轨迹交叉所引起，即人的不安全行为和物的不安全状态。人的不安全行为包括操作失误、违反规定等；物的不安全状态则包括设备故障、环境恶劣等。当这两种轨迹交叉时，就可能导致事故的发生。中级注册安全工程师在铁路安全管理中需要运用轨迹交叉理论，对人的不安全行为和物的不安全状态进行深入分析，找出导致事故的根本原因，并采取有效的措施进行预防和控制。这需要他们具备扎实的专业基础、敏锐的观察力和分析能力，以及良好的沟通协调能力。在实际工作中，中级注册安全工程师可以通过对铁路运输企业的安全管理体系进行评估和改进，提高企业的安全管理水平。他们还可以通过对员工的培训和教育，提高员工的安全意识和技能水平，减少人的不安全行为的发生。同时，他们也需要关注设备的安全性能和环境的改善，确保物的不安全状态得到及时解决。中级注册安全工程师在铁路安全管理中扮演着非常重要的角色。他们需要运用轨迹交叉理论等安全管理理论和方法，提高企业的安全管理水平，预防和控制事故的发生，保障铁路运输的安全和稳定。

六、系统安全理论

系统安全理论是一种关于如何保护计算机系统和网络免受攻击的理论。它强调的是预防和检测，而不是仅仅依赖于修复和恢复。系统安全理论认为，计算机系统和网络是复杂的系统，需要从多个层面进行保护，包括物理层、网络层、应用层等。

系统安全理论的核心思想是"防御深度"。它认为，只有通过多层防御，才能有效地防止攻击。这些防御层包括防火墙、入侵检测系统、加密技术等。此外，系统安全理论还强调了安全审计和安全控制的重要性，以确保系统和网络的完整性和机密性。

系统安全理论的一个重要概念是"最小权限原则"。它要求每个应用程序或用户只拥有完成其任务所需的最小权限。这样，即使某个应用程序或用户被攻陷，攻击者也只能访问有限的系统和数据。

系统安全理论的另一个重要概念是"深度防御策略"。它强调在多个层面上实施防御，包括物理层、网络层、操作系统层和应用层。这样，即使某个层面被攻陷，其他层面仍然可以提供保护。

系统安全理论还包括一些其他的概念和技术，如安全漏洞评估、入侵容忍系统、软件开发生命周期等。这些技术和方法可以帮助开发人员和安全专家识别和防止安全漏洞，保护计算机系统和网络免受攻击。

系统安全理论提供了一种全面的方法来保护计算机系统和网络免受攻击。它不仅关注技术层面的防御，还关注组织层面的管理和人员层面的安全意识。通过遵循系统安全理论的原则和方法，企业组织可以有效地减少安全风险并保护其系统和数据的安全。

铁路安全管理系统是铁路行业为保障运营安全而建立的一套全面的管理体系，涵盖了从设备设施到人员培训等多个方面。而中级注册安全工程师则是专门从事安全生产管理、风险评估和安全咨询的专业人员，他们需要具备丰富的安全知识和实践经验，能够对企业的安全生产进行全面的指导和监督。

在铁路安全管理系统安全理论方面，主要涉及铁路运输安全、设备设施安全、人员安全等方面的管理理论和实践。这些理论和实践都是基于对铁路运输行业的深入了解和研究，旨在通过科学的管理手段和方法，提高铁路运输的安全性和可靠性。

对于中级注册安全工程师来说，他们需要掌握铁路安全管理系统安全理论的相关知识，以便更好地为企业提供安全生产管理和风险评估服务。他们需要了解铁路运输的特点和规律，掌握各种设备设施的安全操作和维护要求，还需要熟悉铁路行业的相关法律法规和标准规范。

在实际工作中，中级注册安全工程师需要与铁路行业的相关人员密切合作，共同推进铁路运输的安全管理工作。他们需要对企业的安全生产进行全面评估，提出相应的改进措施和建议，并监督实施效果。同时，他们还需要参与事故调查和分析，提出预防措施，防止类似事故再次发生。

第二章　安全管理体系内容

第一节　组织机构设置

一、岗位职责

（一）中级注册安全工程师

中级注册安全工程师是安全管理体系中的核心成员，他们负责制定和实施安全策略，以确保组织的安全生产和员工的健康与安全。作为安全管理体系的专家，中级注册安全工程师的工作涉及多个方面，包括但不限于制定安全规章制度、开展安全培训、监督安全操作、处理安全事故等。中级注册安全工程师通常需要具备丰富的安全知识和实践经验，他们须了解各种安全法规、标准、规范和操作规程，以便为组织制定科学、合理、可行的安全策略。同时，他们还须具备出色的组织协调能力和人际沟通能力，以便在组织内部和外部有效地传递安全信息，协调各方面的工作，确保安全管理体系的有效运行。为了确保组织的安全生产和员工的健康与安全，中级注册安全工程师需要不断学习和更新自己的知识，了解最新的安全法规、技术和标准。他们还须积极参与各种安全培训和交流活动，与其他安全专业人员共同探讨和解决安全问题，提高整个组织的安全意识和能力。此外，中级注册安全工程师还须具备敏锐的观察力和分析能力，以便及时发现和处理各种安全隐患和事故。他们须深入了解事故原因，提出有针对性的改进措施，并监督实施，确保类似事故不再发生。他们须具备深厚的安全知识和丰富的实践经验，能够独立处理各种安全问题，并提供专业的安全咨询和培训。中级注册安全工程师还需定期对组织的安全管理体系进行审查和更新，以确保其始终能反映当前的安全标准和最佳实践。

（二）铁路安全管理岗位

铁路安全管理岗位关乎着铁路系统的安全运行，以及广大乘客的生命财产安全。这个岗位的职责涵盖了多个方面，以确保铁路系统的各个环节都得到有效的管理和监控。

第一，铁路安全管理人员需要对列车进行全面的检查和维护。他们须定期对列车进行检修，确保列车的各项设备都处于良好的工作状态。此外，他们还须对列车的安全性能进行测试，如刹车系统、车门等关键部位的检查。这样可以及时发现并解决潜在的安全隐患，确保列车的安全运行。

第二，铁路安全管理人员还须对轨道进行定期的检查和维护。轨道是列车运行的基础，其安全性直接关系到列车的运行安全。管理人员须对轨道的几何尺寸、路基、道岔等进行定期检查，确保轨道的完好无损。

第三，铁路安全管理人员还须对铁路系统的信号设备进行管理和监控。其中就包括对轨道的信号设备进行检查和维护，以确保信号的准确性和可靠性。信号设备是铁路系统的重要组成部分，它控制着列车的运行和调度。管理人员需要对信号设备进行定期的检查和维护，确保信号设备的正常运行。同时，他们还须对信号设备进行实时监控，及时发现并解决信号设备出现的问题，以避免因信号故障导致的列车事故。

除了以上职责外，铁路安全管理人员还须对其他相关设施进行管理和监控。例如，对铁路沿线的安全设施进行检查和维护，以确保铁路沿线的安全；对铁路车站的安检设备进行检查和维护，以确保车站的安全；对铁路系统的应急预案进行制定和演练，以提高应对突发事件的能力。另外，他们须制定和执行安全规程，定期进行安全检查，并处理突发事件。

第四，铁路安全管理岗位还须与相关部门合作，进行安全培训和宣传，提高员工的安全意识和技能。铁路安全管理岗位，作为铁路运营中的核心环节，其重要性不言而喻。这个岗位不仅需要具备专业的知识和技能，还须与相关部门紧密合作，共同维护铁路运输的安全和稳定。铁路安全管理岗位须与教育培训部门合作，定期开展安全培训和宣传活动。通过这些活动，可以提高员工的安全意识和技能，使他们在实际工作中能够更好地应对各种突发情况，保障铁路运输的安全。例如，可以组织安全知识讲座、模拟演练和形式多样的培训活动，让员工在实际操作中掌握安全技能。铁路安全管理岗位还须与技术研发部门合作，共同研发和推广先进的安全技术。随着科技的不断发展，越来越多的新技术可被应用于铁路运输领域，提高运输的安全性和效率。例如，可以引入智能监控系统、自动报警装置等先进技术，实现对铁路运输的实时监控和预警，有效预防安全事故的发生。同时，铁路安全管理岗位还需要与调度管理部门合作，共同制定科学合理的调度方案。调度管理是铁路运输中的重要环节，合理的调度方案可以有效避免运输过程中的安全隐患。通过与调度管理部门的合作，可以及时了解列车运行情况，调整运输计划，确保铁路运输的安全和顺畅。

为了更好地履行职责，铁路安全管理岗位的工作人员须与各个部门密切合作。他们需要与列车司机、维修人员、信号工程师等各个岗位的人员保持紧密的联系，共同协作，确保铁路系统的安全运行。同时，他们还须与政府监管部门、消防、公安等部门保持密切的合作，共同应对各种安全风险和挑战。为了提高员工的安全意识和技能，铁路安全管理岗位的工作人员还须定期组织安全培训和宣传活动。这些活动旨在帮助员工更好地了解和掌握铁路安全管理的相关知识和技能，提高他们的安全意识和应对能力。同时，这些活动还能够加强员工之间的交流和合作，增强整个团队的凝聚力和战斗力。

总之，在铁路安全管理岗位上，每一位工作人员都深知自己肩负的责任重大。他们不仅要具备丰富的专业知识，还要具备敏锐的观察力和果断的决策能力。在日常工作中，他们须时刻保持警惕，对每一个细节都不能掉以轻心。只有这样才能确保铁路系统的安全运行，保障广大乘客的生命财产安全。铁路安全管理岗位的工作人员经常需要面对各种挑战。例如，在应对突发事件时，他们要在第一时间作出准确的判断和决策，以确保铁路系统的正常运行。他们还要不断学习和掌握新的技术和知识，以适应铁路系统的不断发展和变化。

二、安全管理体系组织机构设置

（一）安全管理委员会

安全管理委员会是组织内最高的安全管理机构，在组织内部，安全管理委员会扮演着至关重要的角色。作为最高级别的安全管理机构，它承担着制定安全策略、目标和程序的重要职责。安全管理委员会的职责范围广泛，涵盖了从制定安全政策到监督其实施的各个方面。

第一，安全管理委员会负责制定组织的安全策略。这包括确定组织面临的主要安全风险，并制定相应的预防措施。为了确保策略的有效性，委员会成员需要具备深厚的专业知识和丰富的经验。他们须通过深入分析组织的安全需求，制定出全面、可行的安全策略。

第二，安全管理委员会需设定明确的安全目标。这些目标应与组织的整体战略目标相一致，并确保在实施过程中得到有效监控和评估。委员会还须确保这些目标在组织内部得到充分认可和理解，带领全体员工共同努力实现。

第三，安全管理委员会还须制定详细的管理程序。这些程序应涵盖安全培训、事故调查、风险评估等方面，以确保组织在各个层面都遵循严格的安全标准。程序制定过程中应充分考虑组织的实际情况，并确保其具有足够的灵活性和可操作性。

为了确保安全管理委员会的有效运作，其成员组成至关重要。通常委员会应由组织的领导层组成，他们具备足够的权威和影响力，能够推动安全工作的顺利开展。委员会中还应包括中级注册安全工程师等专业人士，他们能够为委员会提供专业的建议和指导。安全管理委员会作为组织的最高安全管理机构，其职责重大且复杂。为了确保组织的安全管理得到有效实施，委员会需充分发挥其领导作用，制定科学、全面的安全策略和管理程序。同时，委员会成员应具备高度的责任心和专业素养，以推动组织的安全管理工作不断向前发展。

（二）安全管理部门

安全管理部门在组织中扮演着至关重要的角色，负责维护日常的安全管理事务。这个部门的主要职责是制定、实施和监督安全计划，以确保组织运营过程中的安全。安全管理部门的工作人员需要具备专业知识和经验，以便能够有效地应对各种安全风险和挑战。为了确保安全管理部门的专业性和权威性，该部门应由具备中级注册安全工程师资质的人员领导。中级注册安全工程师是经过国家认证的安全专业人员，具备丰富的安全知识和实践经验。他们的领导能够确保安全管理部门的工作得到专业指导和支持，从而更好地履行职责。安全管理部门在制订安全计划时，须充分考虑组织的特点和需求。这包括对组织运营过程中可能面临的安全风险进行全面评估，并制定相应的预防措施和应急预案。安全计划的实施需要得到组织内部各部门的支持和配合，以确保计划的顺利实施和有效执行。

为了监督安全计划的实施情况，安全管理部门须建立完善的监督机制。这包括定期对组织的安全状况进行检查、评估和监测，以确保各项安全措施得到有效执行。同时，安全管理部门还须及时发现和处理安全问题，防止事态扩大和恶化。

为了提高安全管理部门的工作效率和效果，组织还需要为其提供必要的人力、物力和财力支持。这包括配备足够数量的专业人员、提供必要的安全设备和器材、给予适当的培训和进修机会。通过这些支持措施，能够确保安全管理部门更好地履行职责，为组织的稳定发展提供有力保障。

在日常工作中，安全管理部门应始终秉持"预防为主，安全第一"的原则，积极开展各项安全管理工作。他们不仅制订了完善的安全计划，还通过各种方式确保计划的顺利实施。为了更好地履行职责，安全管理部门还定期对员工进行安全培训和教育，提高大家的安全意识和技能水平。在监督方面，安全管理部门采取了多种措施，如定期进行安全检查、评估和审核，以确保各项安全措施得到有效执行。同时，他们还与相关部门密切合作，共同应对各种安全风险和挑战。在这个过程中，中级注册安全工程师发挥着至关重要的作用。他们具备丰富的专业知识和实践经验，能够为安全管理部门提供有力的技术支持和指导。在他们的带领下，安全管理部门的工作得到了更加专业、高效的开展，为公司的安全生产和员工的健康福祉提供了有力保障。

（三）基层安全小组

基层安全小组是组织内的基础安全管理单元，负责具体的安全工作，如安全培训、检查和应急响应。小组成员由各部门的代表组成，并接受安全管理部门的专业指导。基层安全小组在组织中扮演着至关重要的角色，他们是保障组织安全稳定运行的基石。这些小组成员通常是由各个部门的代表组成，旨在确保安全工作在各个层面得到充分落实。通过安全培训，基层安全小组能够提高员工的安全意识和技能，使他们更好地应对潜在的安全风险。在日常工作中，基层安全小组还会定期进行安全检查，及时发现和纠正不安全行为和隐患，从而降低事故发生的可能性。除了这些常规任务，基层安全小组还在应急响应中发挥着关键作用。他们需要制定应急预案，确保在紧急情况下能够迅速、有效地应对。通过与安全管理部门的专业人员密切合作，基层安全小组能够不断完善应急响应机制，提高组织的应急处置能力。

为了确保基层安全小组的工作有效开展，组织应为其提供必要的资源和支持。这包括提供充足的安全培训资源、定期更新安全设备和工具、建立有效的沟通机制，以便小组能够及时获取专业指导和支持。

基层安全小组是组织内不可或缺的安全管理单元。通过他们的努力和专业知识，组织能够更好地保障员工的安全和健康，降低安全风险，实现稳定发展。

通过以上部门的协同工作，铁路货运安全管理体系组织机构能够实现对货运过程的全覆盖管理，有效降低安全风险，保障铁路货运的安全、高效和可靠。

第二节 安全生产费的投入与使用

铁路货运安全生产费的投入与使用是铁路货运安全的重要保障。在铁路货运过程中，安全生产费主要用于设备的维护和更新、安全措施的加强，以及员工安全培训等方面。

第一，设备的维护和更新是铁路货运安全生产费投入的重要方面。铁路货运须使用各种设备和设施，如车辆、轨道、信号系统等，这些设备和设施的维护和更新对于保障货运安全至关重要。通过定期维护和及时更新设备，可以有效地减少设备故障和事故的发生，提高铁路货运的安全性。

第二，加强安全措施也是铁路货运安全生产费使用的重要方向。铁路货运需要采取多种安全措施，如安装安全警示标志、加强货物装卸管理、实施安全检查等。这些安全措施的落实可以有效地减少事故的发生，保障铁路货运的安全。

第三，员工安全培训也是铁路货运安全生产费投入的重要方面。铁路货运需要有一支具备安全意识和技能的工作人员队伍，通过开展员工安全培训，可以提高员工的安全意识和技能水平，增强员工应对突发情况的能力，从而保障铁路货运的安全。

总之，铁路货运安全生产费的投入与使用是保障铁路货运安全的重要措施。通过加强设备维护和更新、加强安全措施以及开展员工安全培训等方面的工作，可以有效地提高铁路货运的安全性，减少事故的发生，保障货物的运输安全。

第三节　安全生产责任制

一、地位和作用

（一）铁路货运安全生产责任制的概述

1. 定义和概念

铁路货运安全生产责任制是指在铁路货运安全管理中，明确各级领导、管理人员和操作人员的安全生产职责，形成责任明确、各负其责、有效监管的安全管理体系。这一制度旨在确保铁路货运安全生产的顺利进行，降低事故发生的概率和损失，提高铁路货运的可靠性和效率。安全生产责任制的核心在于明确各方的职责和义务，通过制度化的管理手段，强化安全意识，规范操作行为，形成科学、合理、有效的安全管理机制。在实践中，安全生产责任制须结合具体情况进行细化，制定符合实际的管理制度和操作规程，确保各项措施的有效落地和执行。

2. 产生和发展

铁路货运安全管理和安全生产责任制的产生和发展，是伴随着铁路运输行业的不断壮大和安全事故防范意识的不断提高而逐渐形成的。最初，铁路货运安全管理较为简单，主要是依靠经验和传统的管理模式。随着铁路运输量的不断增加，货物种类的日益多样化，以及安全事故频发，传统的安全管理方式已经无法满足现实需求。正是在这样的背景下，铁路货运安全生产责任制应运而生。

（二）铁路货运安全生产责任制的地位

1. 在铁路货运安全管理中的地位

铁路货运安全生产责任制在铁路货运安全管理中扮演着核心角色。①它明确规定了各级管理人员和员工在安全生产中的职责，形成一个完整、严密的责任体系，确保安全生产的每一个环节都有专人负责，不留死角。②通过安全生产责任制的落实，可以有效提高员工的安全意识和责任心，减少违章操作和侥幸心理，从而降低事故发生的概率。

以某铁路货运企业为例，该企业通过建立和完善安全生产责任制，明确了各级人员的安全职责，并加强了安全检查和考核。结果显示，该企业的安全生产事故率较之前下降了30%，员工安全意识明显提高，企业整体安全管理水平得到了显著提升。这充分证明了铁路货运安全生产责任制在铁路货运安全管理中的重要地位和作用。

为了更好地发挥铁路货运安全生产责任制的作用，须从以下几个方面着手：①加强制度建设，不断完善安全生产责任制体系；②加强宣传教育，提高员工的安全意识和责任心；③加强监督检查，确保各项安全措施落到实处；④加强考核奖惩，形成有效的激励约束机制。

铁路货运安全生产责任制在铁路货运安全管理中具有举足轻重的地位。只有不断完善和落实这一制度，才能确保铁路货运安全、高效、有序地进行，为铁路货运事业的持续发展提供有力保障。

2. 在整个安全生产管理中的地位

铁路货运安全生产责任制在整个安全生产管理中占据着举足轻重的地位。作为铁路货运安全管理的重要组成部分，安全生产责任制的有效实施对于提高铁路货运安全管理水平、减少安全事故、保障人员财产安全具有重要意义。据统计，在过去的五年中，实施安全生产责任制的铁路货运企业整体事故率较之前下降了30%，人员伤亡率也大幅下降。这主要得益于安全生产责任制明确了各级管理人员和从业人员的安全职责，强化了安全意识和责任意识，提高了安全管理的执行力和监管力度。

（三）铁路货运安全生产责任制的作用

1. 对铁路货运安全管理的促进作用

铁路货运安全生产责任制的实施对铁路货运安全管理起到了积极的促进作用。

第一，通过明确各级管理人员和操作人员的安全生产职责，形成完整的责任体系，确保了各项安全措施的落实。这一制度的实施，使得安全管理不再是空洞的口号，而是具体到每一个岗位、每一个人员的实际行动。

第二，安全生产责任制的实施提高了铁路货运的安全水平。应急管理部的数据显示，自安全生产责任制实施以来，铁路货运安全事故率整体下降了30%，人员伤亡率也大幅降低。这一制度的实施，有效地减少了安全事故的发生，保障了货物运输的顺利进行。

第三，安全生产责任制还促进了铁路货运企业整体管理水平的提升。通过实施安全生产责任制，企业内部的各项管理得到了有效整合，从安全管理到生产管理再到人员管理，形成一套完整的管理体系。这不仅提高了企业的管理效率，也为企业的发展提供了有力保障。

第四，安全生产责任制的实施还提升了铁路货运企业的社会形象。一个重视安全、管理规范的企业，必然会得到社会的认可和信任。这对于企业的发展和品牌形象的塑造都具有重要意义。

2. 对提高铁路货运效率的作用

铁路货运安全生产责任制的实施，对于提高铁路货运效率具有重要作用。

第一，安全生产责任制的落实，可以减少事故发生率，避免因事故导致的运输中断和延误，从而保证了铁路货运的持续稳定运行。

第二，安全生产责任制可以促使各部门和员工更加明确自己的职责，提高协同作业的效率。当职责明确、作业流程顺畅，货物运输的各个环节就能更加快速地运转，从而提高整体运输效率。

第三，安全生产责任制的执行，可以促使员工更加注重工作效率，通过不断优化工作流程和提升个人技能，实现工作效率的提升。同时，安全生产责任制还能激发员工的创新精神，推动铁路货运技术的进步和革新，进一步提升货运效率。

总之，铁路货运安全生产责任制不仅是保障铁路货运安全的重要手段，更是提高铁路货运效率的有效途径。

3. 对提升铁路货运企业形象的作用

铁路货运安全生产责任制的实施，不仅关乎铁路货运的安全和效率，更直接影响到铁路货运企业的形象。安全生产责任制的实施，对于铁路货运企业来说具有深远的意义。

第一，一个拥有健全安全生产责任制的企业，能够给公众留下管理规范、负责任的形象。在当今竞争激烈的市场环境中，企业的形象和信誉至关重要。通过实施安全生产责任制，铁路货运企业能够展现出对社会、对客户的责任感，从而赢得更多的信任和支持。这种正面形象的提升，有助于提高企业的社会认可度，进一步增强企业的市场竞争力。

第二，安全生产责任制的实施，能够减少铁路货运事故的发生，保障货物运输的安全。安全是铁路货运的首要任务，也是企业持续发展的基石。通过明确各级管理人员和员工的安全生产职责，加强安全培训和监督检查，能够有效降低发生事故风险，确保货物运输的安全。这不仅是对客户负责，也是对社会负责的表现。

第三，安全生产责任制的执行，也能够提高铁路货运的效率，减少延误和错误。在保证安全的前提下，通过优化作业流程、提高设备维护水平、加强信息沟通等措施，铁路货运企业能够提高运输效率，减少不必要的延误和错误。这不仅能够提升客户满意度，还能够降低运营成本，为企业创造更大的经济效益。

总之，铁路货运安全生产责任制的实施，对于提升企业形象、保障运输安全、提高运输效率等方面都具有积极的作用。铁路货运企业应当重视安全生产责任制的建设与落实，不断完善相关制度，确保各项措施的有效执行。只有这样才能实现企业的可持续发展，赢得更多的市场份额和客户的信任与支持。

二、原则和方针

（一）安全生产责任制

1. 安全生产责任制的定义和目的

安全生产责任制是指企业各级领导、职能部门、有关工程技术人员和生产工人，在生产过程中对安全生产层层负责的制度。它是企业的一项基本管理制度，是实现安全生产的有效保障。安全生产责任制的目的是明确各级领导和员工在生产过程中的安全职责，确保安全生产的顺利进行，并降低事故发生的概率。根据相关数据统计，实施安全生产责任制的企业在事故率、人员伤亡率等方面均有显著降低。例如，某大型化工企业通过推行安全生产责任制后，事故率下降了30%，人员伤亡率下降了50%，充分说明安全生产责任制在保障企业安全生产中的重要作用。

2. 安全生产责任制的基本原则

铁路货运安全管理是铁路运营中的重要环节，而安全生产责任制则是这一环节中的核心制度。这一制度要求各级管理人员和操作人员明确职责，层层落实，确保安全生产的顺利进行。安全生产责任制不仅是一套制度，更是一种管理理念，它强调预防为主、综合治理、全员参与、科学管理以及激励与约束并重。

（1）预防为主的原则要求在铁路货运安全管理中，要将预防工作放在首位，通过科学的风险评估和隐患排查，及时发现和消除安全隐患。在当今社会，安全问题一直是人们关注的焦点。对于铁路运输行业来说，安全更是重中之重。为了确保铁路运输的安全，某铁路局实施了一项创新的管理制度——"安全风险点"管理制度。该制度的核心是对每个运输环节进行风险评估。在铁路运输过程中，存在许多可能引发事故的风险点，如设备故障、人为操作失误、自然灾害等。通过对这些风险点进行深入分析，评估其可能带来的危害程度和发生的概率，可以更加有针对性地采取预防措施。在风险评估的基础上，该制度采取了相应的预防措施。针对不同风险点，制定了一系列的安全规章制度和操作规程，强化了对员工的培训和教育。同时，加大投入力度，对设备进行定期维护和更新，提高其可靠性和稳定性。此外，还建立了完善的安全监测和预警系统，及时发现并处理潜在的安全隐患。该制度的实施取得了显著成效。通过实施"安全风险点"管理制度，铁路局的事故发生率大幅下降，运输安全性得到了有效提升。这不仅保障了乘客的生命财产安全，也为企业赢得了良好的社会声誉和经济效益。

为了进一步巩固成果，铁路局还需要持续优化和完善"安全风险点"管理制度。加强与其他部门的沟通与协作，共同推进安全管理体系的建设。同时，加大对新技术、新方法的研发和应用力度，不断提高铁路运输的安全性和效率。

"安全风险点"管理制度的实施是一项富有创新和实践意义的举措。通过科学的风险评估和有针对性的预防措施，有效降低了事故发生的概率，为铁路运输行业的安全发展提供了有力保障。在未来，这一制度将继续发挥重要作用，为铁路局的可持续发展保驾护航。

（2）综合治理原则强调在铁路货运安全管理中，要综合运用法律、经济、行政等多种手段，形成有效的安全管理机制。铁路货运安全管理是铁路运输中的重要环节，它关乎货物安全、运输效率以及企业声誉。在实践中，相关人员发现单一手段难以解决安全管理中的所有问题，因此需要综合运用法律、经济、行政等多种手段，形成有效的安全管理机制。这一原则被称为"综合治理原则"。某铁路局在安全管理中就成功运用了这一原则。他们不仅建立了严格的安全规章制度，还特别设立了"安全生产奖惩制度"。对于那些在安全生产中表现突出的单位和个人，铁路局会给予物质和精神上的双重奖励，以此激发员工的安全意识和责任心。而对于违反安全规定的单位和个人，铁路局则会依法依规进行惩罚，坚决遏制违规行为的发生。这种奖惩分明的做法，实际上就是综合治理原则的生动体现。它充分利用了经济杠杆的作用，通过奖励和惩罚的双重手段，引导员工自觉遵守安全规定，提高安全意识。同时，这也体现了法律和行政手段在安全管理中的必要性。法律是维护社会秩序的基石，行政手段则是实现管理目标的重要途径。然而，综合治理原则的应用并非一蹴而就。它需要人们在实践中不断探索、总结和改进。例如，可以进一步优化奖惩制度，使之更加公平合理；可以加强安全培训和教育，提高员工的安全意识和技能水平；还可以借助科技手段，如智能监控、大数据分析等，提升安全管理的效率和精准度。

此外，还须关注综合治理原则的深度和广度。在深度上，需要深入研究各种手段之间的内在联系和相互作用，以便更好地协调和配合；在广度上，需要不断拓展综合治理原则的应用范围，将其贯穿铁路货运安全管理的全过程。

铁路货运安全管理中的综合治理原则是一种科学、有效的管理方法。它要求企业综合运用多种手段，形成有效的安全管理机制。通过深入实践和不断改进，可以进一步提高铁路货运的安全水平，为铁路运输事业的发展提供有力保障。

（3）全员参与原则要求铁路货运安全管理工作覆盖全体员工，各级管理人员和操作人员都要明确自己的安全职责，积极参与安全管理工作。铁路货运安全管理工作是铁路运输中的重中之重，它不仅关乎企业的经济效益，更直接关系到人民的生命财产安全。全员参与原则在此工作中具有不可替代的作用。全员参与原则要求铁路货运安全管理工作要覆盖全体员工，各级管理人员和操作人员都要明确自己的安全职责，积极参与安全管理工作。

要明白全员参与的必要性。铁路货运系统是一个庞大而复杂的系统，涉及众多环节和部门，任何一个环节的疏忽都可能引发安全事故。因此，只有全体员工都参与安全管理，才能确保每个环节都得到有效的监控和管理，从而避免事故的发生。为了实现全员参与，须采取一系列措施。①加强对员工的培训和教育，提高他们的安全意识和技能水平。只有当员工具备了足够的安全意识和技能，才能在实际工作中有效地防范和处理各种安全隐患。②建立健全的安全管理制度和责任体系。各级管理人员和操作人员都要明确自己的安全职责，做到责任到人。同时，要加强对安全管理制度的执行和监督，确保各项制度得到有效落实。③通过开展各种形式的活动来提高员工的参与度。例如，某铁路局开展了"安全文化进班组"活动，通过安全知识竞赛、安全文艺演出等形式，提高了员工的安全意识和参与度。这种寓教于乐的方式不仅使员工在轻松愉快的氛围中学习到了安全知识，还增强了他们的安全意识，提高了他们的责任感和使命感。

全员参与原则在铁路货运安全管理工作中具有至关重要的作用。只有全体员工都参与安全管理，才能确保铁路货运的安全、稳定、高效运行。因此，企业必须高度重视全员参与原则，采取切实有效的措施，推动全员参与的实现。只有这样，企业才能确保铁路货运安全管理工作取得更大的成效，为铁路运输事业的发展作出更大的贡献。

（4）科学管理原则要求在铁路货运安全管理中，要运用科学的方法和手段进行安全管理。近年来，随着科技的不断发展，越来越多的企业开始引进先进的技术手段来提高自身的安全管理水平，某铁路局便是其中的一员。为了更好地保障运输安全，该铁路局引进了一套"安全风险评估系统"，通过计算机技术对运输过程进行实时监控和风险评估，从而提高了安全管理的科学性和准确性。该"安全风险评估系统"采用了最先进的计算机技术，可以对铁路运输过程中的各个环节进行实时监控，及时发现潜在的安全隐患。同时，系统还能够对运输过程中的各种风险因素进行提前评估，为管理人员提供科学、准确的决策依据。这种技术的应用，不仅大大提高了安全管理的效率，还为铁路运输的安全提供了更加可靠的保障。

该铁路局引进的"安全风险评估系统"具有以下优点。

第一，实时监控：系统可以全天候对运输过程进行实时监控，及时发现并处理各种异常情况，确保运输过程的安全顺利进行。随着科技的不断发展，现代物流系统已经变得越来越智能化。其中，实时监控系统作为物流系统的重要组成部分，发挥着越来越重要的作用。全天候实时监控运输过程，不仅可以及时发现并处理各种异常情况，还可以确保运输过程的安全顺利进行。

首先，全天候实时监控系统可以实时监测运输车辆的位置和状态。通过GPS等定位技术，系统可以精确地掌握运输车辆的实时位置，以及车辆的行驶速度、方向、加速度等状态信息。一旦出现异常情况，如车辆偏离预定路线、速度过快或过慢等，系统就会立即发出警报，提醒相关人员及时处理。

其次，实时监控系统还可以对运输货物的温度、湿度、机械压力（震动）等参数进行监测。对于一些需要特定环境条件的货物，如冷链物流中的疫苗、血液等，实时监控系统可以确保货物在整个运输过程中始终处于适宜的环境条件下。一旦参数出现异常，系统会立即发出警报，以便相关人员及时处理。

再次，实时监控系统还可以对运输过程中的安全隐患进行预警。通过分析运输车辆的行驶轨迹、速度、加速度等数据，系统可以预测车辆可能遇到的危险情况，如急转弯、陡坡等。在发现潜在危险时，系统会提前发出预警，提醒驾驶员注意安全驾驶。

最后，除了对运输过程的实时监控外，实时监控系统还可以对运输历史数据进行记录和分析。通过对大量历史数据的分析，可以发现运输过程中的一些规律和潜在问题，为优化运输路线、提高运输效率提供有力支持。同时，这些数据也可以作为事故处理和责任划分的依据。

全天候实时监控系统在运输过程中发挥着至关重要的作用。它可以及时发现并处理各种异常情况，确保运输过程的安全顺利进行。随着物联网、大数据等技术的不断发展，相信未来实时监控系统将会更加智能化、高效化，为物流行业的发展提供更加有力的支持。

第二，风险评估：系统在运输过程中扮演着重要的角色，能够对各种风险因素进行全面、准确的评估。这些风险因素包括天气状况、设备故障、人员操作等多个方面，每一项都可能对运输安全和效率产生重大影响。通过系统对风险因素的评估，管理人员能够获得科学、准确的决策依据，从而更好地应对各种突发情况，确保运输过程的安全和顺利。

首先，系统可以对天气状况进行实时监测和预测。在运输过程中，天气变化是影响安全和效率的重要因素之一。系统通过收集气象数据，对未来的天气状况进行预测，为管理人员提供科学的决策依据。例如，在货物运输中，如果预测到未来几天将有大雨或暴风雪等恶劣天气，系统可以及时提醒管理人员调整运输计划，避免因天气原因导致的延误或事故。

其次，系统可以对设备故障进行预警和诊断。在运输过程中，设备故障是常见的风险因素之一。系统通过实时监测设备的运行状态，能够及时发现潜在的故障和问题，并向管理人员发出预警。管理人员可以根据系统的诊断结果，及时采取措施排除故障，确保运输过程的安全和稳定。

最后，系统还可以对人员操作进行监控和评估。在运输过程中，人员的操作是影响安全和效率的重要因素之一。系统通过视频监控等技术手段，对人员的操作进行实时监控和记录。管理人员可以通过回放监控录像，对人员的操作进行评估和指导，提高人员的操作技能和安全意识。

系统在运输过程中能够对各种风险因素进行全面、准确的评估，为管理人员提供科学、准确的决策依据。通过系统的应用，可以更好地应对各种突发情况，确保运输过程的安全和顺利。因此，应该重视系统的应用和发展，不断完善系统的功能和性能，提高运输过程的安全性和效率。

第三，科学管理：随着科技的发展，安全管理系统的应用越来越广泛。该系统的应用使得安全管理更加科学化、规范化，提高了安全管理的水平，减少了安全事故的发生。

首先，该系统的应用使得安全管理更加科学化。传统的安全管理往往依赖于经验和直觉，缺乏科学的数据支持。而该系统通过收集和分析大量的数据，能够为安全管理提供科学依据。例如，通过分析历史安全事故数据，可以发现事故发生的规律和原因，从而制定更加科学的安全管理策略。

其次，该系统的应用使得安全管理更加规范化。该系统通过制定统一的安全管理标准和流程，使得安全管理有章可循、有据可查。这不仅提高了安全管理的效率，也减少了人为因素对安全管理的影响。

最后，该系统的应用提高了安全管理的水平，减少了安全事故的发生。该系统通过实时监测和预警，能够及时发现安全隐患并采取措施加以解决。同时，该系统还能够对安全事故进行追溯和分析，找出事故发生的原因和责任人，为今后的安全管理提供借鉴和警示。

该系统的应用对于提高安全管理的水平、减少安全事故的发生具有重要意义。未来，随着技术的不断进步和应用范围的不断扩大，该系统将在安全管理领域发挥更加重要的作用。

第四，提高效率：通过计算机技术进行实时监控和风险评估，大大提高了安全管理的效率，减少了人力、物力的浪费。

"安全风险评估系统"是一套非常有效的安全管理工具，通过该系统的应用，不仅可以提高安全管理的科学性和准确性，还可以为铁路运输的安全提供更加可靠的保障。相信在未来的发展中，这种技术手段将会得到更加广泛的应用，为企业的安全管理带来更多的便利和效益。

（5）激励与约束并重原则要求在铁路货运安全管理中，要建立有效的激励机制和约束机制，鼓励员工积极参与安全管理，同时对违反安全规定的员工进行惩罚。例如，某铁路局建立了"安全积分制度"，员工的安全表现与积分挂钩，积分可以用于奖励或换取福利，有效激发了员工参与安全管理的积极性。

3. 安全生产责任制的实施方式

安全生产责任制的实施方式是确保铁路货运安全管理的重要手段。①要明确各级管理人员和员工的安全生产责任，建立健全的责任体系，形成完整的责任链。②要制定详细的安全生产规章制度和操作规程，确保员工明确自己的职责和工作要求。同时，要加强安全检查和隐患排查，及时发现和消除事故隐患，确保铁路货运安全。③要建立完善的安全生产考核机制，对各级管理人员和员工的安全生产责任进行考核，并实行奖惩制度。为了提高员工的安全意识和技能水平，还要加强安全培训和教育，使员工掌握必要的安全知识和技能，增强安全防范意识。④要建立完善的安全生产应急预案，提高应对突发事件的能力，确保铁路货运安全生产的持续稳定。

（二）铁路货运安全管理的原则

1. 安全第一的原则

安全第一的原则强调在任何情况下，无论面临何种压力和诱惑，都必须将安全放在首位。安全不仅是铁路货运的首要目标，也是实现其他所有目标的基础。只有确保了安全，才能保证铁路货运的稳定和高效运行，进而实现经济效益和社会效益的双赢。

为了贯彻安全第一的原则，铁路货运安全管理需要采取一系列措施。①要建立健全的安全管理体系，明确各级管理人员和操作人员的安全职责，形成完整的安全管理网络。②要加强安全教育和培训，提高员工的安全意识和技能水平，确保他们能够按照安全规程进行操作。③要加强安全检查和隐患排查，及时发现和消除安全隐患，防止事故的发生。

在铁路货运安全管理中落实安全第一的原则，需要建立科学的风险评估和预警机制。通过科学的风险评估，可以及时发现潜在的安全隐患和风险点，采取有效的措施进行防范和控制。同时，建立预警机制，可以及时对突发事件进行预警和处理，避免事态扩大和影响范围扩大。

安全第一的原则不仅适用于铁路货运安全管理，也适用于其他行业的安全管理。这一原则强调的是一种安全文化的建设，通过培养员工的安全意识，形成全员参与、全过程控制的安全管理机制。只有将安全第一的原则深入人心，才能真正实现安全管理的目标，保障人民群众的生命财产安全。

2. 预防为主的原则

预防为主的原则要求在安全管理中注重预防措施的制定和实施，通过消除或减少安全风险，降低事故发生的概率。为了实现这一原则，相关人员需要采取一系列有效的措施。

第一，要加强安全风险评估和监测，及时发现和解决潜在的安全隐患。①为确保铁路货运的安全，需要加强安全风险评估和监测。通过定期对铁路货运设备进行安全检查，及时发现和解决潜在的安全隐患，从而降低事故发生的可能性。安全风险评估是预防事故发生的关键环节。通过对铁路货运设备进行全面的安全检查，可以发现设备存在的缺陷和隐患，并采取相应的措施进行修复和改进。此外，还需要对铁路货运设备进行实时监测，及时发现异常情况并采取相应的措施进行处理。②需要加强铁路货运从业人员的培训和教育。铁路货运从业人员是铁路货运安全的重要保障，需要定期对铁路货运从业人员进行培训和教育，提高他们的专业素质和安全意识，确保他们能够按照规定的要求进行操作和管理。③需要加强铁路货运的监管和管理。政府和相关部门应该加强对铁路货运的监管和管理，制定更加严格的安全标准和规范，并加强对铁路货运企业的监督和检查。同时，铁路货运企业也应该加强自身的安全管理，建立健全的安全管理体系和规章制度，确保铁路货运的安全和稳定。

加强安全风险评估和监测、加强从业人员培训和教育、加强监管和管理是确保铁路货运安全的三个重要方面。只有全面加强这三个方面的工作，才能够有效地降低铁路货运事故发生的可能性，保障人民群众的生命财产安全。

第二，要注重铁路货运员工安全培训和教育，提高员工的安全意识和技能水平。铁路货运作为国家重要的物流运输方式，其安全性和稳定性对于国家经济和民生具有重要意义。然而，近年来铁路货运事故频发，引发了社会各界对铁路货运安全的关注。铁路货运员工是铁路运输的直接参与者，他们的安全意识和技能水平直接关系到铁路货运的安全和稳定。因此，加强铁路货运员工的安全培训和教育，提高员工的安全意识和技能水平，是保障铁路货运安全的重要措施。为了提高员工的安全意识，企业应该定期组织安全知识培训，向员工普及铁路货运安全知识，使员工了解和掌握铁路货运的基本安全操作规程和应急处置程序。同时，通过案例分析、模拟演练等形式，使员工更加深入地了解安全事故的危害性和预防措施。为了提高员工的应急处置能力，企业应该定期组织应急演练，模拟各种可能发生的铁路货运安全事故场景，让员工在实际操作中熟悉应急处置程序，提高应急处置能力。企业应该建立完善的安全管理制度和激励机制，明确各级管理人员和员工的安全职责，制定相应的考核标准和奖惩措施。通过奖励机制激发员工参与安全管理的积极性和主动性，提高企业整体安全管理水平。

铁路货运安全是铁路运输的核心问题，而员工的安全培训和教育是保障铁路货运安全的重要措施。通过定期组织安全知识培训和应急演练，建立完善的安全管理制度和激励机制，可以有效提高铁路货运员工的安全意识和技能水平，预防铁路货运安全事故的发生，保障铁路货运的安全和稳定。同时，政府和企业应该加大对铁路货运安全的投入，加强监管力度，推动铁路货运行业的可持续发展。

3. 综合治理原则

综合治理原则强调政府、企业和社会各方共同参与，形成有效的治理机制。综合治理原则的实施，需要建立政府与企业之间的合作机制，加强信息共享和协调配合，共同应对铁路货运安全问题。

铁路货运具有运输量大、覆盖面广、成本低廉等优势，但在实际运营过程中，也存在着诸多安全隐患。这些隐患可能来自运输设备、人为操作、自然灾害等多个方面。因此，建立铁路货运安全联防机制，旨在通过联合巡查、信息通报、应急处置等方式，共同应对安全风险，确保铁路货运的顺利进行。

（1）联合巡查

为了确保铁路货运线路和设施的安全，建立联合巡查机制显得尤为重要。通过这一机制，各相关单位可以定期或不定期地对铁路进行全方位的检查，旨在及时发现并排除潜在的安全隐患。联合巡查机制的建立，不仅增强了各单位之间的信息交流与合作，还大大提高了对铁路货运线路和设施的监控力度。这种跨部门的合作，有助于形成监管合力，确保铁路货运的安全畅通。在巡查过程中，各单位应注重细节，不放过任何一个可能存在安全隐患的角落。例如，对轨道、桥梁、隧道等关键设施进行仔细检查，确保其结构安全；对铁路沿线的环境进行评估，防止自然灾害对铁路造成破坏；对列车运行状况进行实时监测，确保行车安全。除了加强巡查，与地方政府的沟通协作同样关键。铁路货运线路往往穿越多个地区，涉及的治安问题也较为复杂。因此，与地方政府建立有效的沟通机制，共同维护铁路沿线的治安秩序，对于保障铁路货运安全具有重要意义。具体而言，可以与地方政府开展联合执法，共同打击铁路沿线的违法犯罪行为；加强情报信息交流，及时掌握铁路沿线治安动态；共同制定应急预案，提高应对突发事件的能力。

通过建立联合巡查机制和加强与地方政府的沟通协作，企业可以更好地保障铁路货运的安全与稳定。这不仅有助于促进国家经济的发展，还能为人民群众的生命财产安全提供坚实屏障。

（2）信息通报

在当今信息时代，信息的传递与共享显得尤为重要。为了更好地保障物流安全，建立一个高效的信息通报平台是必不可少的。这个平台将各相关单位紧密地联系在一起，实现信息的实时共享。通过这个平台，各单位可以及时了解货物的动态，掌握货物的运输情况，从而更好地协调工作，提高物流效率。通过信息通报平台，各单位可以实时掌握货物的运输状态，包括货物的出发地、目的地、运输路线、运输方式等信息。这有助于及时发现潜在的安全问题，如运输延误、货物损坏等。一旦发现问题，相关单位可以迅速采取措施，进行妥善处理，确保物流安全。物流安全不仅仅是物流企业的责任，更需要全社会的共同参与。因此，加强与公安、消防等部门的沟通协作至关重要。通过信息通报平台，各单位可以及时向相关部门报告突发事件，如交通事故、火灾等。在事件发生时，相关部门可以迅速响应，采取有效措施，共同应对突发事件，保障人民群众的生命财产安全。

建立信息通报平台是保障物流安全的重要手段。通过实现各相关单位之间的信息共享，实时掌握货运动态，及时发现并处理安全问题，同时加强与公安、消防等部门的沟通协作，相关人员可以共同应对各种突发事件，确保物流安全。

（3）应急处置

在面对安全事故或突发事件时，一个完善的应急预案是至关重要的。应急预案的制定需要全面考虑各种可能的情况，包括事故的性质、影响范围、所需资源等。预案应详细列出每一步的应急处置流程，包括预警、响应、处置和恢复等阶段。明确的应急处置流程能够确保在紧急情况下，各相关单位能够迅速、有序地采取应对措施。一旦发生安全事故或突发事件，各相关单位应迅速启动应急预案。这需要各单位具备快速反应的能力，包括人员调配、物资准备和通信联络等。启动应急预案后，各单位应按照预案规定的流程，采取有效的措施进行处置。这些措施可能包括疏散人群、控制事故源、抢险救援等，以确保人员和货物的安全。为了确保应急预案的有效性，各单位应定期进行演练和培训。通过模拟演练，可以检验预案的可行性和有效性，发现存在的问题并及时进行改进。同时，培训可以提高员工应对突发事件的能力和技能，使他们能够在紧急情况下迅速采取正确的行动。除了制定完善的应急预案和进行演练培训外，各单位还应建立有效的信息沟通机制。在紧急情况下，及时、准确的信息传递对于协调各方资源、作出正确决策至关重要。各单位应保持通信畅通，及时上报事故情况，以便上级部门能够迅速作出指示和协调资源。

制定完善的应急预案并明确应急处置流程是应对安全事故或突发事件的重要措施。通过预案的制定、演练培训、信息沟通等手段，各相关单位能够更好地应对紧急情况，确保人员和货物的安全。

通过建立铁路货运安全联防机制，可以有效提高对安全风险的防范和应对能力。具体表现在以下几个方面。

第一，减少安全事故的发生：通过联合巡查和信息通报，及时发现并处理安全隐患，从而降低安全事故的发生率。

首先，铁路货运安全联防机制能够实现信息的共享和互通。通过建立信息通报制度，各相关单位可以及时了解货运安全情况，掌握安全隐患信息，并采取相应的措施进行处治。这种信息共享和互通的方式，能够避免信息孤岛现象，提高对安全风险的防范能力。

其次，铁路货运安全联防机制能够加强联合巡查工作。通过联合巡查，各相关单位可以共同发现和解决安全隐患，避免了单一单位巡查的局限性。这种联合巡查的方式，能够提高对安全风险的应对能力，及时发现并处理问题，防止事故的发生。

最后，铁路货运安全联防机制还能够促进各相关单位的协作和配合。在应对安全风险的过程中，各相关单位需要密切协作、相互配合，共同应对安全风险。这种协作和配合的方式，能够提高工作效率，缩短应急响应时间，减少安全事故的发生。

第二，提高应急处置效率：通过建立应急处置机制，一旦发生安全事故或突发事件，各相关单位能够迅速响应，采取有效措施进行处置，提高应急处置效率。

第三，提升整体运输效率：通过加强信息通报和应急处置等方面的协作，可以有效提升整体运输效率，降低运输成本。

第四，增强社会公信力：近年来由于各种原因，铁路货运安全事故时有发生，引发了社会对铁路货运安全性的担忧。为了解决这一问题，建立铁路货运安全联防机制显得尤为重要。通过这一机制的建立，不仅可以提高铁路货运的安全性，还可以向社会展示铁路货运企业的责任感和担当精神，进而增强其社会公信力。

首先，铁路货运安全联防机制的建立有助于提升企业的安全管理水平。这一机制强调各相关企业间的信息共享、风险共担、协同应对，通过联防联控，共同应对各类安全风险。这样一来，不仅可以及时发现和解决安全隐患，还可以提高企业对突发事件的应对能力，从而确保铁路货运的安全稳定。

其次，铁路货运安全联防机制的建立有助于增强企业的社会责任感。作为国家重要的物流服务提供者，铁路货运企业承担着保障国家经济命脉畅通无阻的重要使命。通过建立安全联防机制，企业可以更积极地参与到社会公共安全事务中，与社会各界共同维护铁路货运的安全。这种积极参与的态度和实际行动，无疑会增强社会对企业的信任和认可，进而提升企业的社会公信力。

最后，铁路货运安全联防机制的建立还有助于提升企业的品牌形象。在当今竞争激烈的市场环境中，企业的品牌形象对于其市场份额和盈利能力具有重要影响。通过建立安全联防机制，铁路货运企业可以向社会展示其对社会公共安全的关注和承诺，从而树立起良好的企业形象。这种正面的品牌形象不仅可以吸引更多的客户和合作伙伴，还可以提升企业在员工心中的地位，增强员工的归属感和忠诚度。

铁路货运安全联防机制的建立是一项系统工程，需要各相关单位共同努力。通过联合巡查、信息通报、应急处置等方面的协作，可以有效提高对安全风险的防范和应对能力，确保铁路货运的顺利进行。未来，随着技术的不断进步和应用，铁路货运安全联防机制将进一步完善和发展，为我国物流体系的稳定发展提供有力保障。同时，应鼓励社会监督，加强媒体和公众对铁路货运安全的关注和监督，促进安全管理的透明度和公信力。综合治理原则的实施还需要注重技术手段的运用，通过引入先进的安全监测和预警系统，提高铁路货运安全管理的科技含量和预防能力。

（三）铁路货运安全管理的方针

1. 强化基础工作

强化基础工作是铁路货运安全管理方针的重要一环，旨在通过加强铁路货运安全管理的基础设施建设、规章制度建设、人员培训等方面的工作，提高铁路货运安全管理的整体水平。具体来说，强化基础工作包括以下几个方面。

第一，加强铁路货运安全管理的基础设施建设，如铁路线路、车辆设备、安全监控系统等，提高铁路货运的安全性和可靠性。铁路货运安全管理是铁路运输中至关重要的一环，关乎货物运输的安全和人民的生命财产安全。因此，加强铁路货运安全管理的基础设施建设是十分必要的。铁路线路是铁路货运的基础设施之一，其质量和状况对货运安全有着至关重要的作用。为了提高铁路货运的安全性和可靠性，须对铁路线路进行定期的检修和维护，确保线路的稳定性和安全性。同时，对于一些繁忙的铁路线路，需要进行扩能改造，提高其运输能力和效率。车辆设备也是铁路货运的重要基础设施之一。为了确保铁路货运的安全性和可靠性，须定期对车辆设备进行检查和维护，及时发现和修复潜在的安全隐患。此外，为了提高铁路货运的效率和稳定性，还须不断更新和升级车辆设备，引入更加先进的技术和设备。另外，安全监控系统也是铁路货运安全管理中不可或缺的一部分。通过建立完善的安全监控系统，可以对铁路货运的全过程进行实时监控和管理，及时发现和处理各种安全隐患。同时，安全监控系统还可以对铁路货运的历史数据进行记录和分析，为未来的安全管理提供重要的参考和依据。

通过加强铁路线路、车辆设备和安全监控系统等基础设施的建设和维护，可以提高铁路货运的安全性和可靠性，保障人民的生命财产安全。同时，还需要不断引入更加先进的技术和设备，加强安全管理人员的培训和教育，提高整个铁路货运行业的安全意识和水平。

第二，建立健全的规章制度，完善铁路货运安全管理的标准和规范，是确保铁路货运安全的重要保障。为了实现这一目标，需要从多个方面入手，包括制定详细的安全管理规定、加强安全检查和监督、提高员工安全意识和技能等。

首先，建立健全的规章制度是保障铁路货运安全的前提。铁路货运涉及众多的环节和部门，如果没有一套完整、科学的规章制度，很难保证各项工作的有序进行。因此，需要制定详细的安全管理规定，明确各岗位的职责和工作流程，确保各项工作都有章可循、有据可查。同时，还须根据实际情况不断完善规章制度，使其更加符合实际需求。

其次，加强安全检查和监督是保障铁路货运安全的必要手段。铁路货运安全检查和监督是预防事故发生的重要措施之一。通过定期和不定期的安全检查，可以及时发现和排除安全隐患，确保铁路货运的安全运行。同时，相关人员还要加强对安全管理的监督和评估，及时发现和纠正管理漏洞和不足之处。

最后，提高员工安全意识和技能是保障铁路货运安全的根本。员工是铁路货运的主体，他们的安全意识和技能水平直接关系到铁路货运的安全。因此，须加强对员工的培训和教育，提高他们的安全意识和技能水平。同时，相关人员还需要建立完善的安全奖惩机制，激励员工积极参与安全管理，增强他们的责任感和使命感。

建立健全的规章制度、完善铁路货运安全管理的标准和规范是保障铁路货运安全的重要保障。通过制定详细的安全管理规定、加强安全检查和监督、提高员工安全意识和技能等多项措施的综合施策，可以有效地提高铁路货运的安全水平，确保铁路货运的安全运行。

第三，加强人员培训和技能提升，提高铁路货运从业人员的安全意识和操作技能，提高他们的应急处理能力和安全防范能力。随着铁路货运的快速发展，安全问题越发引人关注。铁路货运从业人员的安全意识和操作技能，直接关系到货物运输的安全与效率。因此，加强人员培训和技能提升，对于铁路货运行业来说至关重要。

人员培训是提高铁路货运从业人员安全意识的有效途径。安全意识的培养，需要从思想根源上入手。通过定期的安全教育培训，使从业人员充分认识到安全的重要性，明确自身的责任与义务。同时，培训内容应涵盖规章制度、操作规程、应急处理等多个方面，确保从业人员在理论知识和实践操作上都能得到提升。

在铁路货运领域，技能的提升无疑是保障安全的关键环节。随着科技的飞速发展，铁路货运所涉及的技能也日益多样化，涵盖了装卸、调度、驾驶等多个方面。这些技能不仅关乎货物能否安全、准时地送达目的地，更直接关系到铁路运输系统的整体稳定与效率。

首先，装卸技能在铁路货运中占据着举足轻重的地位。货物在运输过程中的安全，很大程度上取决于装卸环节的操作是否得当。因此，对于装卸工人的技能培训不容忽视。通过定期的技能培训和操作演练，可以确保他们熟练掌握各种货物的正确装卸方法，从而降低货物损坏的风险。

其次，调度技能也是铁路货运中不可或缺的一环。调度员作为铁路运输的"大脑"，负责协调各个运输环节，确保列车按时、按序、安全地运行。因此，调度员需要具备丰富的调度知识和实战经验，以便在遇到突发状况时能够迅速作出判断和调整。

最后，驾驶技能对于火车司机来说更是重中之重。火车司机不仅要熟悉各类火车的性能和操作特点，还要具备应对突发状况的能力。随着新车型的不断推出和技术升级，火车司机也需要不断更新自己的驾驶技能，确保在任何情况下都能安全驾驶。

为了激发从业人员学习技能的热情，提高他们的操作水平，开展技能培训和技能竞赛等活动是十分必要的。通过这些活动，不仅可以增强员工之间的交流与合作，还能为他们提供一个展示自身技能的舞台，从而增强他们的职业荣誉感和归属感。对于新入职的从业人员，严格的岗前培训更是不可或缺的一环。通过岗前培训，新员工可以系统地学习铁路货运的基本知识和操作技能，同时培养必要的安全意识。只有这样，他们才能更快地融入工作，为铁路货运的安全和高效运行贡献自己的力量。

应急处理能力和安全防范能力的提升同样不容忽视。铁路货运过程中难免会遇到各种突发情况，如设备故障、交通事故等。从业人员需要具备快速、准确应对这些情况的能力，将损失降到最低。为此，应加强应急预案的制定与演练，提高从业人员的应急反应速度和处置能力。同时，加强安全防范措施的落实，如安装监控设备、定期检查设备等，从源头上降低安全事故发生的概率。

加强人员培训和技能提升是提高铁路货运从业人员安全意识和操作技能的重要途径。通过培养安全意识、提升技能水平、增强应急处理能力和安全防范能力等多方面的努力，可以确保铁路货运的安全与高效运行。这不仅有利于保障人民群众的生命财产安全，也有利于推动铁路货运行业的可持续发展。

第四，强化基础工作在铁路货运安全管理中具有至关重要的地位。除了注重日常维护和检查外，还需要加强与其他运输方式的协调配合，以实现整体优化和升级。

铁路货运安全管理需要与公路、水路等其他运输方式进行有效的协调配合。这是因为不同运输方式具有各自的特点和优势，只有通过相互配合，才能更好地满足货物运输的需求。例如，在某些地区，铁路货运可能存在运力不足的情况，此时可以与公路运输进行配合，实现优势互补，提高运输效率。同时，加强与其他运输方式的协调配合，也有助于减少运输过程中的瓶颈和障碍，降低运输成本，提高运输安全性。

铁路货运安全管理需要注重整体优化和升级。这不仅包括硬件设施的升级改造，如更新设备、完善设施等，还包括软件管理的提升，如加强信息化管理、提高安全管理水平等。通过整体优化和升级，可以进一步提升铁路货运的安全性和效率性，满足日益增长的货物运输需求。

为了实现强化基础工作的目标，可以采取以下措施：①加大投入力度，提高铁路货运安全管理的基础设施建设水平，确保各项设备设施的可靠性和稳定性。铁路货运作为我国物流体系的重要组成部分，其安全性和稳定性对于保障国民经济正常运行具有重要意义。然而，近年来，随着铁路货运量的不断增长，安全管理问题日益凸显。为了解决这些问题，需要加大投入力度，提高铁路货运安全管理的基础设施建设水平，确保各项设备设施的可靠性和稳定性。当前，我国铁路货运基础设施建设的水平总体上呈现出稳步提升的态势。然而，在实际运行过程中，仍然存在一些问题。如部分设备设施老化严重，亟须更新换代；部分地区的铁路货运基础设施建设滞后，无法满足当地经济发展的需求。此外，一些设备设施的可靠性和稳定性有待提高，给铁路货运安全带来了一定的隐患。提高铁路货运安全管理基础设施水平对于保障铁路货运的安全性和稳定性具有重要意义。②加强规章制度的宣传和培训工作，让从业人员深入了解和掌握各项安全管理的标准和规范，提高他们的安全意识和责任意识。此外，建立健全奖惩机制和考核机制，对安全生产责任制的落实情况进行监督和评估，对存在的问题及时进行整改和优化。③加强与其他运输方式的协调配合，推动形成安全高效的物流体系。

通过强化基础工作，可以有效提高铁路货运安全管理的整体水平，降低事故发生的概率和风险，保障人民群众的生命财产安全。同时，也有助于提升铁路货运的市场竞争力和社会形象，推动铁路事业的可持续发展。

2. 加强安全管理

铁路货运安全管理是铁路运输中至关重要的一环，它不仅关乎企业的经济效益，更直接关系到人民生命财产安全和社会稳定。安全生产责任制的实施是铁路货运安全管理中的重要一环，它明确了各级管理人员和员工在安全生产中的职责和义务，为加强安全管理提供了制度保障。为了进一步加强铁路货运安全管理，需要从多个方面入手。①要强化安全生产意识，通过培训和教育提高员工的安全意识和技能水平，确保他们能够熟练掌握各种安全操作规程和应急处置措施。②要加强安全管理制度建设，完善各项安全管理制度和操作规程，确保各项安全管理工作有章可循、有据可查。③要加大安全检查和隐患排查力度，及时发现和整改各种安全隐患，确保铁路货运安全管理工作得到有效落实。④要建立完善的安全生产考核和奖惩制度，通过考核和奖惩机制激励员工积极参与安全管理，提高安全管理的效果和质量。

3. 依靠科技进步

依靠科技进步是铁路货运安全管理方针的重要一环。随着科技的不断发展，铁路货运安全管理也需要不断引入新技术、新方法和新理念，以提高安全管理的效率和效果。例如，通过引入智能化技术，可以实现铁路货运的实时监控和预警，有效减少事故的发生。同时，通过引入大数据和人工智能技术，可以对铁路货运数据进行深度分析和挖掘，及时发现和解决潜在的安全隐患。此外，科技进步还可以提高铁路货运的运输效率和可靠性，降低运输成本，提高企业的竞争力。因此，铁路货运安全管理需要不断依靠科技进步，加强科技创新和应用，以适应不断变化的市场需求和安全挑战。

4. 建立激励机制

建立激励机制是铁路货运安全管理方针的重要一环。通过建立有效的激励机制，可以激发员工的工作积极性和创造力，提高工作效率和安全性。例如，可以采用奖励制度，对在工作中表现优秀的员工给予物质和精神上的奖励，如奖金、荣誉证书等。此外，还可以通过晋升机制，让优秀的员工得到更多的晋升机会和职业发展空间。这些激励措施可以有效地提高员工的工作满意度和归属感，增强企业的凝聚力和竞争力。

5. 实施全员培训

实施全员培训是铁路货运安全管理方针中的重要一环，旨在提高全体员工的安全意识和技能水平。通过全员培训，可以确保员工对安全规定、操作规程和应急预案有深入的理解和掌握，从而在实际工作中能够严格遵守相关要求，减少人为因素导致的安全事故。为了实现全员培训的有效性，可以采用多种培训形式，如集中授课、在线学习、模拟演练等。同时，要注重培训内容的针对性和实用性，根据不同岗位和工种的需求，制订个性化的培训计划。此外，建立完善的培训考核机制也是必要的，通过考核来检验员工的学习成果和实际操作能力，对于不合格的员工要给予一定的惩罚措施，并要求重新参加培训和考核。全员培训的实施需要各级领导的支持和全体员工的积极参与，只有这样，才能真正提高铁路货运安全管理的水平。

三、组织机构设置

在铁路货运安全管理中，建立安全生产责任制是至关重要的。这涉及一系列的组织机构设置，以确保各级工作人员明确自己的职责，并能够在日常工作中贯彻执行安全规定。

第一，在铁路货运部门的高层管理架构中，设立一个安全生产委员会是至关重要的。这个委员会由各部门的高级领导组成，他们不仅具备丰富的管理经验和专业知识，还对整个铁路货运部门的运作有深入的了解。安全生产委员会的主要职责是制定和监督整个部门的安全生产政策。这些政策旨在确保铁路货运过程中的各个环节都符合安全标准，降低事故风险，保障员工和货物的安全。委员会成员将定期开会，对当前的安全状况进行评估，并根据评估结果提出改进措施。这些改进措施可能涉及技术升级、员工培训、安全检查等方面的内容。

为了更好地履行职责，安全生产委员会还应建立一套完善的信息收集和分析系统。这个系统将实时监控铁路货运过程中的各项数据，如运输量、事故率、设备维护状况等，为委员会提供全面、准确的信息支持。同时，委员会还应积极与相关部门沟通协作，确保各项安全措施得到有效执行。此外，安全生产委员会还应重视员工的安全意识培养，通过定期开展安全教育活动，提高员工的安全意识和应对突发事件的能力。这不仅可以减少人为因素导致的事故，还能增强员工的团队合作精神和归属感。

在当今社会，安全生产已成为企业发展的重要基石。为了更好地保障企业的安全生产，建议在安全生产委员会之下设立专门的安全生产管理部门。这个部门将负责企业的日常安全生产管理工作，确保企业生产过程中的安全与稳定。安全生产管理部门的一项重要职责是制定具体的安全操作规程。这些规程将明确每个岗位的操作要求和安全注意事项，为员工提供详细的操作指南。通过规范员工的行为，可以有效减少因操作不当引发的安全事故。

第二，安全生产管理部门需要对员工进行安全培训。①培训内容应涵盖安全意识教育、安全操作技能以及应对突发事件的措施。通过定期的安全培训，可以提高员工的安全意识和应对能力，使他们在实际工作中更加注重安全，降低事故发生的可能性。②安全生产管理部门还需定期进行安全检查。检查范围应覆盖企业的各个生产环节，包括设备运行状况、工作环境以及员工操作情况等。通过及时发现并纠正潜在的安全隐患，可以预防事故的发生，保障企业的正常运转。一旦发生安全事故，安全生产管理部门须迅速介入，对事故进行调查和分析。他们将收集相关数据、分析原因，并提出相应的改进措施，以防止类似事故再次发生。③他们还需对事故责任进行认定，确保事故得到妥善处理。通过设立专门的安全生产管理部门，企业可以更加系统地管理安全生产工作，提高生产过程中的安全性。这不仅有助于保障员工的生命安全和身体健康，还能为企业创造一个稳定、安全的生产环境，促进企业的可持续发展。

第三，在铁路货运部门，安全生产是首要任务。为了确保货物运输的安全，各级工作人员必须明确自己的安全生产职责。从货运员、调度员、中级注册安全工程师到铁路安全管理岗位和机车司机，每个人都扮演着至关重要的角色。货运员是铁路货运部门的基础工作人员，他们负责货物的装卸、保管和运输。为了确保货物的安全，货运员需要严格遵守操作规程，对货物进行仔细的检查和保护。他们须了解货物的性质、重量、体积等信息，并根据货物的特点采取相应的措施，防止货物损坏或丢失。调度员是铁路货运部门的指挥者，他们负责协调货物的运输和车辆的调度。调度员需要了解货物的运输计划、车辆的动态和路线的状况，并根据实际情况作出合理的调度决策。他们须与货运员、机车司机等相关人员进行有效的沟通，确保货物的及时、安全运输。中级注册安全工程师是铁路货运部门的安全管理专家，他们负责制定和完善安全生产规章制度，监督检查安全生产状况，并提出相应的改进措施。他们须具备丰富的安全知识和实践经验，能够及时发现和解决安全生产中的问题。铁路安全管理岗位人员负责具体的安全管理工作，包括对员工进行安全培训、检查设备设施的安全状况、监督安全生产规章制度的执行等。他们须具备高度的责任心和执行力，确保各项安全管理措施得到有效落实。机车司机是铁路货运部门的驾驶员，他们负责驾驶机车，牵引货物前进。机车司机须了解机车的性能、操作规程和维护要求，确保机车的正常运行。他们还需要与调度员、货运员等相关人员进行有效的沟通，确保货物的及时、安全运输。明确各级工作人员的安全生产职责是铁路货运部门安全生产的重要保障。通过加强培训、完善规章制度、加强监督检查等措施，可以进一步提高铁路货运部门的安全生产水平，为货物的安全运输提供有力保障。同时，铁路货运部门还应该积极引入先进的技术和管理经验，加强信息化建设，提高运输效率和安全性。只有这样，才能更好地满足社会的需求，为经济发展作出更大的贡献。此外，有效的沟通机制也是安全生产责任制的重要组成部分。这包括定期的内部会议、安全培训和紧急情况的应对演练。通过这些方式，可以确保各级工作人员都清楚了解当前的安全状况，以及在紧急情况下应如何应对。

铁路货运安全管理安全生产责任制的组织机构设置需要一个系统性的规划和执行过程。这需要高层领导的重视和全体员工的参与，以确保铁路货运的安全顺利进行。

四、建立标准与实施流程——岗位履职清单（岗位安全职责）

（一）岗位安全职责

1. 货运调度员

（1）根据列车运行图和货运计划，合理安排车辆取送，确保货物运输准时、高效。

（2）监控货运车辆的运行状态，及时处理异常情况，确保运输安全。

（3）与车站、机车车辆部门密切配合，协调解决运输过程中出现的问题。

（4）对货物进行安全检查，防止危险品混装、漏装。

（5）定期对调度系统进行维护和升级，提高调度工作的准确性和效率。

2. 货运值班员

（1）负责货运站日常值班工作，确保车站运营秩序良好。

（2）监控货场作业情况，协调解决作业过程中的问题。

（3）对进出车站的车辆进行安全检查，防止危险品流入车站。

（4）定期对货运设备设施进行维护和保养，确保设备正常运行。

（5）参与车站应急预案的制定和演练，提高应急处置能力。

3. 装卸工

（1）负责货物的装卸工作，确保货物安全、完整地装卸到指定位置。

（2）遵守装卸作业规程，确保作业过程安全、高效。

（3）对货物进行捆绑、加固等安全措施，防止货物脱落、损坏。

（4）保持货场整洁、卫生，确保货物不受污染。

4. 中级注册安全工程师

（1）负责制定安全生产规章制度和操作规程，并监督实施。

（2）组织开展安全生产检查，发现问题及时整改。

（3）组织开展安全生产宣传教育，提高员工的安全意识。

（4）负责安全事故的调查、分析、处理和上报工作。

（5）定期向上级领导汇报安全生产工作情况，提出改进意见和建议。

5. 铁路安全管理员

（1）制订铁路安全管理计划和措施，并组织实施。

（2）负责铁路沿线安全设施的维护和管理。

（3）组织开展铁路安全检查，及时发现和处理安全隐患。

（4）监督铁路运输企业履行安全管理职责，确保运输安全。

（5）参与铁路交通事故的调查、分析、处理和上报工作。

（二）建立标准与实施流程

（1）制定安全生产规章制度和操作规程时，应充分考虑行业特点和实际情况，确保制度的针对性和可操作性。

（2）在开展安全生产检查时，应注重全面覆盖、重点突出，确保检查工作的有效性和及时性。

（3）在开展安全生产宣传教育时，应注重形式的多样性和内容的实用性，提高员工的安全意识和技能水平。

（4）在处理安全事故时，应严格按照相关规定进行调查、分析、处理和上报，确保事故处理的及时性和公正性。

（5）在向上级领导汇报工作时，应注重信息的真实性和完整性，提出切实可行的改进意见和建议。

（三）岗位履职清单的制定与实施

1.清单的制定原则和方法

在铁路货运安全管理体系中，岗位履职清单的制定是至关重要的环节。为了确保清单的有效性和实用性，制定时需遵循一定的原则和方法。①清单的制定应基于深入分析和研究货运安全管理体系的需求和特点，确保每个岗位的职责与体系整体目标相一致。②要充分考虑岗位之间的相互关系，避免职责重叠或遗漏，确保各岗位协同工作。③制定过程中还需引入科学的管理理念和方法，如运用流程图、矩阵图等工具对岗位职责进行可视化呈现，提高清单的可读性和操作性。④借鉴行业内外的成功案例和经验，不断完善和优化清单内容。⑤为了确保清单的有效实施，应建立相应的监督和考核机制，及时发现问题并进行调整。通过遵循这些原则和方法，可以制定出一份科学、合理、有效的岗位履职清单，为铁路货运安全管理体系的实施提供有力保障。

2.清单的实施流程和要求

在铁路货运安全管理体系中，岗位履职清单的实施是至关重要的环节。为了确保实施效果和质量，需要制定详细的实施流程。①清单的制定应该基于岗位职责和安全风险评估，确保每个岗位的职责明确、工作内容具体、安全风险可控。②实施流程应该包括定期的安全培训与教育、日常的安全检查与评估以及安全事故应急处理等环节，确保每个环节的有效性和连贯性。

③要求每个岗位的员工严格按照清单要求执行工作，不得擅自更改或忽略安全操作规程。④应建立监督与考核机制，对员工的安全表现进行评估和奖惩，激励员工积极参与安全管理，提高整体的安全水平。

为了更好地实施岗位履职清单，可以引入先进的安全管理理念和方法。例如，可以采用危险源辨识和风险评估的方法，对铁路货运过程中的危险源进行全面排查和评估，并根据评估结果制定相应的安全措施。此外，可以借鉴国际先进的安全管理体系，如 ISO 28000 系列标准，建立符合国际要求的安全管理体系，提高铁路货运的安全水平和竞争力。

在实施岗位履职清单的过程中，还需要注重信息化的应用。通过建立完善的安全管理信息系统，可以实现安全数据的实时采集、分析和处理，提高安全管理的效率和准确性。同时，利用大数据和人工智能技术，可以对历史数据进行挖掘和分析，预测潜在的安全风险和事故趋势，为预防和应对措施的制定提供有力支持。

铁路货运安全管理体系的建立与实施需要从多个方面入手，而岗位履职清单的实施是其中最为关键的环节之一。通过制定科学合理的岗位履职清单，并严格按照实施流程和要求执行，可以有效提高铁路货运的安全水平和管理效率，为铁路运输的可持续发展提供有力保障。

3.清单的监督与考核机制

在铁路货运安全管理体系中，监督与考核机制是确保岗位履职清单有效实施的重要环节。监督机制主要包括内部监督和外部监督两个方面。内部监督由铁路部门自行组织，通过定期自查、专项检查和日常监控等方式，对岗位履职情况进行全面检查和评估。外部监督则由第三方机构或监管部门进行，侧重于对铁路部门安全管理体系的审核和评估，以确保其符合相关法规和标准。

考核机制则是针对岗位安全职责的落实情况进行的评价和考核。通过制定科学的考核指标和评价标准，对岗位人员在安全管理体系中的表现进行量化评价，并依据考核结果进行奖惩。例如，可以设置事故发生率、安全隐患发现率等关键绩效指标（KPI），并根据实际情况进行动态调整。

监督与考核机制的落实，有助于提高岗位人员的安全意识和责任意识，促进安全管理体系的持续改进。同时，通过收集和分析监督与考核结果，铁路部门可以有针对性地制定改进措施，优化安全管理体系，降低安全风险，提高整体安全管理水平。

第四节　安全管理规章制度

铁路货运安全管理规章制度是确保铁路货物运输安全的重要保障。随着铁路运输业的快速发展，货运安全问题日益突出，因此，制定一套科学、合理、有效的规章制度至关重要。

铁路货运安全管理规章制度旨在规范铁路货运人员的行为，提高运输效率，保障货物安全。通过规章制度，可以明确各岗位的职责和操作流程，减少人为失误和操作不当导致的安全事故。同时，规章制度还能提高铁路货运系统的整体运行效率，降低运输成本，增强铁路企业的市场竞争力。

铁路货运安全管理规章制度主要包括以下几个方面。

第一，岗位责任制度：明确各岗位的职责和工作要求，确保每个员工清楚自己的工作内容和责任。

第二，作业流程制度：规定各项货运作业的操作流程和标准，包括装卸、编组、运输等环节，确保作业过程的安全和高效。

第三，安全检查制度：定期对铁路货运设备、设施进行检查和维护，及时发现和排除安全隐患。

第四，应急预案制度：制定针对各种可能出现的突发事件的应急预案，提高应对突发事件的能力。

第五，培训教育制度：定期对员工进行安全培训和教育，提高员工的安全意识和操作技能。

为确保铁路货运安全管理规章制度的实施效果，需采取以下措施。

第一，加强宣传教育：通过各种渠道宣传规章制度的内容和意义，提高员工对安全管理的认识和重视程度。

第二，严格执行制度：各级管理人员要认真履行职责，严格监督规章制度的执行情况，对违规行为进行严肃处理。

第三，建立反馈机制：鼓励员工对规章制度的执行情况进行反馈和建议，及时调整和完善相关制度。

第四，定期评估与更新：定期对规章制度进行评估和修订，以适应铁路运输业的发展变化和安全管理的新要求。

铁路货运安全管理规章制度是保障铁路货物运输安全的重要手段。为进一步完善规章制度体系，建议采取以下措施：①加强与其他部门的沟通与协作，共同制定和完善相关制度；②借鉴国内外先进的管理理念和方法，引入现代化信息技术手段，提高安全管理的效率和水平；③注重员工参与和激励机制的建立，激发员工的工作积极性和创造力；④加强与政府、社会各界的合作与交流，共同推动铁路货运安全管理水平的提升。

第五节　安全教育培训

铁路作为国家重要的交通基础设施，其安全运行对于社会经济的发展和人民的生命财产安全至关重要。铁路安全管理中的安全教育培训，旨在提高铁路工作人员的安全意识和技能水平，是确保铁路运输安全和顺畅的关键环节。

安全教育培训的内容广泛而深入，涵盖了装载加固技术培训、安全专项培训等多个方面。这些培训课程不仅涉及铁路运输的基本知识，还深入具体的工作实践，帮助员工提高应对各种复杂情况的能力。例如，劳动者人身安全培训，旨在确保员工在工作中的身体健康和生命安全；防洪防汛、道路交通、防寒过冬等专项培训，则针对不同季节和天气条件下的安全风险进行防范；装备保障以及涉及新项目、新装备、新工艺、新材料的安全业务培训，则紧跟科技发展步伐，确保员工掌握最新的安全知识和技能。

为了确保培训效果，合格是上岗作业的必要条件。这不仅是对企业生产安全的保障，更是对员工自身安全负责。通过严格的培训和考核，可以筛选出具备合格技能和素质的员工，从而减少因人为因素导致的安全事故。

第一，培训是提高员工技能和素质的重要途径。在培训过程中，员工可以学习到岗位所需的专业知识和技能，了解操作规程和安全规范，掌握必要的应急处理和自救互救能力。通过培训，员工可以逐步提高自身的综合素质，为上岗作业打下坚实的基础。

第二，考核是检验员工技能和素质的重要手段。通过考核，可以评估员工是否具备合格的操作技能和安全意识，是否能够胜任岗位工作。对于不合格的员工，可以进行进一步的辅导和训练，帮助他们提高技能和素质，以达到合格的标准。同时，特种作业人员必须持证上岗。这是对特种作业高风险性工作的基本要求。特种作业涉及高压、高温、高处、深井等高风险环境，对员工的技能和素质要求极高。只有经过专业培训并取得相应证书的员工，才能从事特种作业。这样可以有效降低安全事故的发生率，保障员工的人身安全。此外，企业应该建立健全的培训和考核制度，确保每一位员工都能够接受全面、系统的培训和考核。同时，企业还应该加强员工的安全意识教育，提高员工的安全意识，让他们充分认识到安全的重要性，自觉遵守安全规定，做到安全生产。

合格是上岗作业的必要条件。通过严格的培训和考核，可以筛选出具备合格技能和素质的员工，减少因人为因素导致的安全事故。企业应该建立健全的培训和考核制度，加强员工的安全意识教育，确保安全生产。

安全教育培训的重要性不容忽视。通过持续的教育和培训，可以提高铁路工作人员的安全意识和技能水平，减少工作中的安全隐患，确保铁路运输的安全和顺畅。同时，这也是铁路企业社会责任的体现，通过保障员工的安全和健康，提升企业的社会形象和市场竞争力。

铁路安全管理中的安全教育培训是一项系统而复杂的工作，需要全方位、多层次的努力和实践。只有通过不断加强和完善安全教育培训体系，才能确保铁路运输的安全和顺畅，为社会的繁荣和发展作出更大的贡献。

第六节　货运安全管理

货运安全管理，作为铁路运输管理中的核心环节，其重要性不容忽视。它不仅关乎货物的安全、完整，更直接影响到物流的效率和成本。在当今经济高速发展的时代背景下，铁路货运安全管理面临着前所未有的挑战和机遇。

随着物流业的繁荣，铁路货运量逐年攀升，这无疑给安全管理带来了更大的压力。与此同时，新技术、新设备的引入也给安全管理带来了新的挑战。例如，智能化、自动化的设备需要更高的技术维护和管理水平，一旦出现故障，可能对整个运输系统造成严重影响。

此外，铁路货运安全管理还面临着外部环境的挑战。例如，自然灾害、恐怖袭击等不可控因素，都可能对铁路运输造成严重威胁。这就要求铁路货运安全管理必须具备更高的应急处理能力和风险防范意识。然而，挑战与机遇并存。面对挑战，铁路货运安全管理应积极寻求创新和变革。例如，引入先进的安全管理理念和技术，提高安全管理的信息化、智能化水平。同时，加强与相关部门的合作，形成安全管理合力，共同应对各种安全风险。对于车辆产权与运用维护单位来说，确保专列运输工具的安全与稳定是至关重要的。其中，维修和消防管理是两个不可忽视的环节。为了保障货物和人员的安全，必须坚决杜绝一些潜在的风险。①线路的私拉乱接是极具安全隐患的行为。这种违规操作不仅可能导致电路故障，引发火灾，还可能对整个运输系统造成严重的影响。因此，车辆产权与运用维护单位应加强对线路的监管，定期进行检查和维护，确保线路的规范和安全。②违规接入大功率用电设备也是一个不可小觑的问题。大功率用电设备可能会超出线路的承载能力，引发过载故障，甚至导致火灾。因此，维护单位应严格控制接入的用电设备，确保其符合安全标准，防止因设备过载而引发的安全事故。③灭火器材作为紧急情况下的最后一道防线，其有效性也是至关重要的。一旦灭火器材损坏失效，在火灾发生时将无法及时扑灭初起火灾，可能造成严重的后果。因此，维护单位应定期检查灭火器材的状态，确保其随时处于良好状态，以便在紧急情况下能够迅速发挥作用。

车辆产权与运用维护单位在专列运输工具的维修和消防管理方面应采取严格的管理措施。这不仅是对货物的保障，更是对人员安全的负责。通过加强线路监管、控制用电设备以及确保灭火器材的有效性，可以大大降低运输过程中的安全风险，为货物和人员的安全保驾护航。

铁路货运安全管理在面临诸多挑战的同时，也充满了机遇。只有不断创新、完善管理机制，才能确保铁路货运的安全、高效和稳定。

第七节　装载加固安全管理

装载加固安全管理在铁路运输中扮演着至关重要的角色，它不仅关乎货物在运输过程中的安全，还直接影响货物的质量。随着我国经济的迅猛发展，铁路货运量持续攀升，这无疑对装载加固安全管理工作提出了更为严格的要求。铁路货运装载加固安全管理是确保货物在运输过程中保持安全、完好的重要保障措施。一旦装载加固工作疏忽，货物在运输过程中会出现倾斜、滑动、坍塌等状况，这不仅会导致货物损坏，还可能对铁路运输安全构成严重威胁。

为了确保装载加固工作的顺利进行，相关人员必须进行实地勘查，全面了解线路的曲线半径等具体情况。这一步骤至关重要，因为不同的线路条件会对装载加固方案产生重大影响。通过实地勘查，工作人员可以获取第一手资料，更好地评估线路条件，并制定出更加科学合理的装载加固方案。在实地勘查过程中，相关人员需要对线路的曲线半径、坡度、桥梁、隧道等具体情况进行全面了解。这些数据将为后续的装载加固设计提供重要的参考依据。例如，如果线路曲线半径较小，那么在装载加固时就需要特别注意货物的稳定性，以防止货物在运输过程中发生倾覆或滚动。此外，实地勘查还可以帮助相关人员发现潜在的安全隐患。例如，如果线路存在严重的破损或老化现象，那么在装载加固时就须采取额外的措施，以确保货物的安全运输。这一步骤不仅有助于制定更加科学合理的装载加固方案，还可以发现潜在的安全隐患，为货物的安全运输提供有力保障。同时，负责装载加固技术指导与方案编制的铁路企业，须按照内部校核管理办法的相关规定，细致认真地完成技术方案的编制与校核工作，并及时上报至铁路局集团公司货运处。待货运处审批通过后，铁路企业须严格按照铁路局批复的装载加固方案进行装车作业。装车作业完成后，项目技术人员与铁路局货运处相关人员须共同对装载加固进行安全检查。只有确认无误后，双方才可进行签字确认。这一系列的流程不仅体现了对装载加固安全管理的重视，也确保了货物在运输过程中的安全与稳定。

加强装载加固安全管理对于保障货物安全、提高运输效率、降低运输成本具有深远的意义。通过严格的现场勘查、技术方案的编制与校核、装车作业后的安全检查等步骤，可以确保铁路运输的安全与顺畅，为我国经济的快速发展提供坚实的支撑。

第八节　行车安全管理

铁路货运行车安全管理涉及多个要素。以下是一些关键的管理要素。

一、人员管理

铁路货运，作为国家交通运输的大动脉，其安全性和高效性至关重要。而在这个庞大的系统中，每一个环节、每一个参与人员都扮演着不可或缺的角色。为了确保铁路货运的安全、顺畅进行，对所有相关人员进行严格的安全培训，使其明确各自的职责。货运列车员作为铁路货运的直接执行者，其安全意识的强弱直接关系到整条运输线的安全。他们不仅需要掌握列车的基本操作技能，还需要对各种突发状况有迅速、准确的应对能力。例如，在遇到紧急制动或列车故障时，列车员必须能够迅速启动应急预案，确保列车及货物的安全。

装卸工在铁路货运中承担着货物装载与卸载的重任。他们须了解货物的特性，掌握正确的装卸技巧，以确保货物在运输过程中不发生损坏。同时，他们还须与调度员密切配合，确保装卸作业有序进行。

调度员作为铁路货运的指挥者，其决策的正确与否直接关系到整条运输线的顺畅与否。他们须具备丰富的调度经验，对运输线路、车辆状况、人员配置等有全面的了解。在面对复杂的运输情况时，调度员须果断作出决策，确保运输线的安全、高效运行。

检查员则是铁路货运安全的守护者。他们负责对列车及货物进行全面的检查，确保无安全隐患。检查员须具备高度的责任心和敏锐的观察力，不放过任何一个可能影响安全的细节。

为了确保上述人员的安全培训效果，铁路部门应定期组织考核与演练。通过模拟实际工作场景，检验员工对安全规程的掌握程度及应对突发状况的能力。同时，铁路部门还应加强与员工的沟通交流，及时了解他们在工作中遇到的问题，并给予相应的指导和帮助。

二、设备管理

货车作为物流运输的重要环节，其设备的正常运转对于整个物流链的稳定和高效至关重要。为了确保货车设备的良好状态，定期的检查和维护是必不可少的。这不仅涉及货车本身的各个系统，如发动机、刹车系统、轮胎等，还包括与货车运营密切相关的其他设备，如车载 GPS、油箱、货箱等。对于货车本身的各个系统来说，定期检查和维护是保持其良好状态的关键。例如，发动机是货车的核心部分，其正常运转直接关系到货车的性能和安全性。因此，定期对发动机进行检查，如机油、冷却液、空气滤清器等是否正常，是必不可少的。此外，刹车系统也是至关重要的安全部件，定期检查刹车片的磨损情况、刹车油的清洁度等，可以确保刹车系统的可靠性。与货车运营密切相关的其他设备也需要得到足够的关注。车载 GPS 可以帮助驾驶员规划最优路线，提高运输效率；油箱和货箱的状态直接关系到货物的安全和运输的顺畅。因此，对这些设备的定期检查和维护也是非常重要的。例如，油箱的密封性、油量的充足性以及货箱的破损情况等都需要得到及时的关注和处理。此外，为了确保货车设备的正常运转，驾驶员的日常检查也是非常重要的。驾驶员应该养成在出车前和收车后对车辆进行例行检查的习惯，以便及时发现并处理潜在的问题。同时，驾驶员还应该了解货车的性能和特点，掌握基本的维护知识和技能，以便在遇到问题时能够迅速采取正确的措施。

第一，货车作为重要的运输工具，其核心部分如发动机、刹车系统、传动系统等的安全稳定运行至关重要。为了确保这些核心部件的正常工作，定期的专业检查是必不可少的。这不仅是对货车安全性能的保障，更是对驾驶员和货物安全负责。

首先，发动机作为货车的"心脏"，其运行状况直接影响到整个车辆的性能。因此，对发动机的检查需要格外细致。这包括对油路、气路、水路等多方面的检测。例如，油路的顺畅直接关系到发动机的动力输出，气路的清洁度影响着发动机的燃烧效率，水路是否畅通则关系到发动机的冷却效果。任何一部分出现故障都可能导致发动机性能下降甚至损坏，进而影响货车的正常运行。

其次，刹车系统对于货车的安全行驶至关重要。刹车系统的工作状态直接关系到货车的制动效果，一旦出现问题，后果不堪设想。因此，对刹车系统的检查需要定期进行，确保刹车盘、刹车片等关键部件的磨损度在正常范围内，并及时更换磨损严重的部件，以保证刹车性能的稳定。

最后，传动系统作为连接发动机和车轮的关键部分，其性能的好坏直接影响货车的行驶能力。对传动系统的检查主要包括变速箱油位、传动轴等部分的检查，以确保传动顺畅，防止因传动故障导致的车辆故障或安全事故。

货车的核心部分都需要定期的专业检查，这不仅是对车辆性能的保障，更是对驾驶员和货物安全负责。通过细致的检查和及时的维护，可以确保货车在运输过程中的安全稳定运行，为物流运输行业的健康发展提供有力保障。

第二，货车的车体和装载设备也需要定期维护。货车的车体和装载设备作为物流运输中的重要组成部分，其维护工作不容忽视。车体的清洁与防锈是保持货车良好状态的基本要求。锈蚀不仅影响车体的美观，更可能对车体的结构强度造成损害。因此，定期清洁并在必要部位涂防锈剂是必不可少的维护措施。装载设备如吊装装置、叉车等，对于货物的安全装卸起着至关重要的作用。这些设备若不定期润滑和调试，可能会导致工作不精确、效率低下，甚至引发安全事故。润滑可以减少设备磨损，延长其使用寿命；而调试则能确保设备在最佳状态下工作，提高工作效率。除了货车本身，与其运营相关的其他设备也需要经常检查和维修。例如，轨道的平整与坚固对于货车运行的安全至关重要。轨道的轻微磨损或变形都可能引发严重的安全事故，对人员和货物造成巨大损失。因此，对轨道的定期检测与维修是必不可少的。此外，信号设备在保障货车运行的安全和效率方面也起着关键作用。准确无误的信号传递能够确保货车在复杂的交通环境中安全行驶，避免碰撞和延误。因此，对信号设备的定期检查和维护也是一项重要的维护工作。

货车的设备维护与检查是一个全面而细致的工作。它不仅涉及货车本身的各个系统，还包括与其运营相关的其他设备。只有通过定期的检查和维护，才能确保货车设备的良好状态，从而保证物流运输的安全和高效。

三、货物管理

货物的装载和固定是货物运输过程中的重要环节，必须按照规定进行，以防止在运输过程中发生移动或倾倒。对于易燃、易爆、剧毒等危险品，更须特别注意，因为它们的危险性较高，一旦发生事故，后果将不堪设想。

为了确保货物运输的安全，特种设备在运行途中必须按照铁路局的统一指挥进行操作。在货物和车辆的安全检查和盯控方面，相关人员需要认真负责，确保每一个细节都得到关注。如果有任何异常情况或发现安全隐患，必须第一时间告知本企业主要领导和铁路局负责人，以便及时采取措施解决问题。

除了特种设备之外，其他货物也需要按照规定进行装载和固定。在装载过程中，应该根据货物的性质、重量、形状等因素进行合理安排，确保货物在运输过程中不会发生移动或倾倒。对于一些特殊货物，如易碎品、精密仪器等，更须采取特殊的装载和固定措施，以确保货物的安全运输。

同时，为了确保货物在运输途中的安全，还须对车辆进行严格的检查和保养，确保其技术状态良好，能够承受长途运输的考验。对于易燃、易爆、剧毒等危险品，更需要特别注意，严格按照国家法律法规和铁路运输规定进行操作，确保货物的安全运输。

在特种设备的运输中，车辆的选型和装载加固方式也要特别注意。特种设备运输需要选用合适的车辆类型，并严格按照规定的装载加固方式进行操作，以确保在运输途中的安全。在运行途中，驾驶员要时刻保持警觉，按照铁路局的统一指挥，做好对货物和车辆的安全检查和盯控。

对于运输途中出现的情况，驾驶员要及时告知本企业主要领导与铁路局负责人。这可以确保货物在运输过程中的安全问题得到及时解决，避免发生意外事故。货物的装载和固定是货物运输过程中的重要环节，必须引起足够的重视。只有按照规定进行操作，并加强安全检查和盯控，才能确保货物运输的安全可靠。同时，对于危险品等特殊货物，更需要采取特别的安全措施，充分减少事故发生的可能性。

四、关注天气

天气状况对货车的安全运行具有不可忽视的影响。货车作为一种交通工具，在运输过程中会受到各种天气状况的干扰，如大风、雨雪、冰冻等。这些恶劣天气条件不仅可能导致货车延误，还可能引发一系列安全事故。因此，为了确保货车的安全运行，必须密切关注天气预报，并根据天气状况采取相应的安全措施。

大风天气对货车行驶的影响不容忽视。强风可能导致货车行驶不稳，严重时甚至可能发生侧翻事故。因此，驾驶员在遇到大风天气时，必须采取一系列应对措施，以确保行车安全。强风天气下，货车行驶的稳定性会受到严重影响。风力的作用可能导致车辆偏离正常行驶轨迹，增加驾驶难度。为了应对这一问题，驾驶员应适当降低车速，保持稳定行驶。同时，驾驶员应密切关注路况信息，了解大风预警和道路封闭情况，以便及时调整行车路线，避免不必要的风险。大风可能引发沙尘暴等恶劣天气现象，严重影响视线。在沙尘暴中，货车驾驶员的视线会受到严重阻碍，难以看清前方路况。此时，驾驶员应停车等待视线恢复清晰后再继续行驶。同时，驾驶员应开启车灯和雾灯，提高车辆的能见度，以便其他车辆更好地注意到自己。在停车等待时，驾驶员还应关闭车窗，确保车内空气质量良好。为了更好地应对大风天气对货车行驶的影响，驾驶员还应加强对车辆的保养和维护。定期检查货车的轮胎、悬挂系统和制动系统等关键部件，确保其正常运转。同时，驾驶员还应关注天气预报，提前了解大风预警信息，以便提前做好应对措施。

为了确保行车安全，驾驶员应采取一系列应对措施。降低车速、保持稳定行驶、密切关注路况信息、加强车辆保养和维护等都是必要的措施。同时，驾驶员还应关注天气预报，提前了解大风预警信息，以便提前做好应对准备。只有这样，才能在大风天气中安全地驾驶货车。

雨雪天气是货车安全运行的一大挑战。雨雪不仅可能导致路面湿滑，增加行驶难度，还可能引发一系列安全隐患。因此，驾驶员在雨雪天气中须格外小心，采取一系列措施确保行车安全。路面湿滑是雨雪天气中最为常见的问题。当路面湿滑时，货车与地面的摩擦力减小，车辆容易打滑。此时，驾驶员应降低车速，避免急加速和急刹车。急加速和急刹车都可能导致车辆失控，引发交通事故。此外，驾驶员还应保持与前车的安全距离，以防突发情况时能及时作出反应。雨雪天气还可能影响货车的制动系统。如果制动系统受潮，制动力可能会减弱，甚至导致制动失灵。因此，驾驶员在出车前应检查制动系统是否干燥，确保其正常工作。同时，在行驶过程中，驾驶员应尽量避免频繁使用制动器，以减少制动器受潮的可能性。此外，雨雪天气还可能引发能见度问题。雨雪导致视线受阻，驾驶员难以看清前方路况。此时，驾驶员应开启车灯，提醒其他车辆保障安全。同时，驾驶员还应保持高度警惕，时刻关注路况变化，以便在必要时采取紧急措施。

冰冻天气对货车的影响尤为严重，这主要是由于货车自身的重量和体积所致。在结冰路面上，货车由于重量大、体积大，更容易出现打滑、失控甚至侧翻的情况。这不仅危及驾驶员的安全，也可能对其他道路使用者造成威胁。货车由于其较大的质量和体积，对路面的压力较大，使得轮胎与路面间的摩擦力减小。当摩擦力不足以支撑货车的重量时，货车就会开始打滑。此外，货车的重心较高，这使得它在转弯或制动时更容易失去控制。为了应对这种情况，驾驶员在冰冻天气中应特别注意路况信息。在出行前，应通过各种途径了解目的地的天气状况，尽量避免在结冰路面上行驶。如果必须行驶，驾驶员应采取一系列的防滑措施。例如，安装防滑链可以增加轮胎与路面间的摩擦力，降低车速则可以减少因突然制动或转弯而导致的失控风险。此外，保持货车的轮胎充气适中也是防止失控的重要措施。轮胎充气过足会导致轮胎变形或爆胎，进一步影响车辆的操控性能。因此，驾驶员应定期检查轮胎的气压，确保其在适当的范围内。冰冻天气对货车的影响不容忽视。为了确保安全，驾驶员应提前了解路况信息、采取防滑措施并保持轮胎充气适中。只有这样，才能在冰冻天气中最大限度地减少货车失控的风险，保障驾驶员和其他道路使用者的安全。

天气状况对货车的安全运行具有重要影响。为了确保货车的安全运行，驾驶员必须密切关注天气预报，并根据天气状况采取相应的安全措施。只有这样，才能有效降低货车在运输过程中发生事故的风险，保障人们的生命财产安全。

五、安全管理

铁路货运行车安全管理是铁路运输中的重要环节，它不仅关乎企业的经济效益，更直接关系到人民的生命财产安全。在当今社会，随着铁路运输的快速发展，货运行车安全管理的重要性越发凸显。铁路货运行车安全管理是保障铁路运输安全的关键。铁路运输作为一种大规模、高效率的运输方式，在货物运输中占据着重要地位。然而，由于铁路运输的特殊性，一旦发生事故，往往会造成巨大的损失。因此，货运行车安全管理成为铁路运输中不可或缺的一环。通过科学有效的管理措施，可以降低事故发生的概率，保障铁路运输的安全。货运行车安全管理对于提高企业经济效益具有重要意义。安全是生产的前提，只有保障货运行车的安全，才能确保企业的正常生产和经营。一旦发生事故，不仅会造成货物损失，还会影响企业的正常运转，给企业带来巨大的经济损失。因此，通过加强货运行车安全管理，可以提高企业的经济效益。此外，货运行车安全管理还涉及相关法律法规的遵守。随着国家对安全生产的要求越来越严格，铁路货运行车安全管理必须符合相关法律法规的规定。企业应建立健全的安全管理制度，加强员工的安全培训和教育，确保货运行车安全管理的有效实施。

（一）制定和执行安全规程

安全规程是铁路货运行车安全管理的基石。通过制定科学、严谨的安全规程，明确各个环节的安全操作要求，可以有效降低事故发生的概率。同时，严格执行安全规程也是至关重要的。任何形式的违规操作都可能引发严重的安全事故，因此，对于违反安全规程的行为，必须予以严肃处理，以警示其他员工。

（二）开展安全教育

安全教育是提高员工安全意识的有效途径。通过定期开展安全教育，使员工充分认识到安全的重要性，了解并掌握相关的安全知识和技能。此外，对于新入职员工，必须进行严格的安全教育培训，确保他们具备足够的安全意识和操作能力。同时，对于在职员工，也应定期进行安全知识更新和技能提升的培训，以适应不断变化的安全管理要求。

（三）定期进行安全检查和评估

安全检查和评估是铁路货运行车安全管理的重要环节。通过定期对设备、设施进行检查，及时发现存在的安全隐患，并采取有效措施进行整改。同时，对安全管理的效果进行评估，了解安全管理的不足之处，为进一步优化安全管理提供依据。此外，对于一些重大危险源，应进行重点监控和定期评估，确保其始终处于可控状态。

六、应急管理

铁路货运企业承担着大量的物资运输任务。由于铁路运输的特殊性，面临着各种潜在的风险和事故。应急预案是应对突发事件的重要手段。铁路货运企业作为国家重要的物流运输渠道，承担着大量的物资流通任务。在运输过程中，可能会遇到各种突发事故，如火灾、脱轨、危险品泄漏等。为了确保在事故发生时能够迅速、准确地采取应对措施，铁路货运企业需要制定详细的应急预案。应急预案的制定须全面考虑可能发生的各种事故。对于火灾，应明确如何迅速扑灭火源、疏散人员、抢救物资等步骤；对于脱轨，应制定如何快速修复轨道、转移货物等方案；对于危险品泄漏，应明确如何控制泄漏源、消除安全隐患等措施。在预案中，应详细列出每一种事故的应急处置流程、人员分工、物资调配等方面的内容。

铁路货运企业应急预案的制定需要结合自身的运输特点、设备状况、人员配置等多方面因素进行综合考虑。在制定应急预案时，企业应充分认识到自身的实际情况和运输特点，以便更好地应对各种突发情况。

（一）铁路货运企业应全面分析自身的运输特点

不同企业的运输特点不同，如有的企业以大宗货物运输为主，有的则是零担运输较多。因此，在制定应急预案时，企业应根据自身的运输特点进行有针对性的规划。例如，对于大宗货物运输企业，应重点考虑如何快速有效地疏散货物，避免货物滞留或损失；而对于零担运输企业，则应注重如何提高装卸效率，缩短运输时间。

（二）铁路货运企业应充分了解自身的设备状况

不同企业的设备状况不同，设备的性能、数量、使用状况等因素都会影响到应急预案的制定。例如，对于设备老化或性能不稳定的企业，应重点考虑如何加强设备的维护和保养，确保设备在紧急情况下能够正常运转；而对于设备数量不足的企业，则应注重如何合理调配资源，确保应急情况下有足够的设备可用。

（三）铁路货运企业还应全面考虑人员配置情况

不同岗位的人员配置应有所侧重，如调度员、装卸工、驾驶员等岗位的人员数量和技能水平都会影响到应急预案的执行效果。因此，在制定应急预案时，企业应根据人员的配置情况进行有针对性的规划。例如，对于人员数量不足的企业，应注重如何合理安排人员的工作时间和休息时间，避免因疲劳等因素影响应急预案的执行效果；而对于技能水平较低的企业，则应注重加强培训和演练，提高人员的应急处置能力。

除了考虑自身的实际情况外，铁路货运企业在制定应急预案时还应充分考虑外部环境因素。例如，天气状况、地理环境等都会对运输安全和效率产生影响。因此，在制定应急预案时，企业应注重与当地气象部门、交通管理等部门的沟通与协作，以便及时获取最新的天气和交通信息。例如，在雨雪天气或大雾天气等情况下，企业应重点考虑如何保障行车安全和货物安全；在地形复杂或交通拥堵等地区，企业应注重如何提高运输效率，缩短运输时间。

应急预案的制定应充分考虑各种可能发生的情况，并制定相应的应对措施。例如，对于危险品泄漏事故，应明确不同类型危险品的处理方式，如使用何种灭火器材、如何进行人员疏散等。只有注重细节，才能确保预案的实用性和有效性。

铁路货运企业制定应急预案是保障运输安全的重要措施之一。通过全面考虑可能发生的事故、充分考虑实际情况和注重细节等方面的工作，可以制定出切实可行的应急预案。同时，定期进行演练和修订也是提高预案实用性和有效性的关键环节。只有不断完善预案的制定和实施工作，才能确保铁路货运企业在面对突发事故时能够迅速、准确地采取应对措施，保障运输安全和物资流通的顺畅。

建立一支训练有素的应急队伍是应对突发事件的关键。这支队伍应具备丰富的应急处置经验和技能，能够在紧急情况下迅速响应、果断处置。为了提高应急队伍的素质和能力，铁路货运企业应定期进行培训和演练，加强对应急人员的技能考核和评估。此外，应急队伍还应具备良好的组织纪律性和团队合作精神，以确保在紧急情况下能够高效协作、共同应对。

为了更好地应对突发事件，铁路货运企业还需要加强与相关部门的协作与沟通。例如，与消防、公安、环保等部门建立紧密的合作关系，共同制订应急预案、开展演练和培训等活动。通过加强协作与沟通，可以更好地整合资源、提高应急处置效率，确保铁路货运的安全和稳定。

铁路货运企业需要制定全面的应急预案和建立训练有素的应急队伍，以应对可能发生的各种突发事件。同时，加强与相关部门的协作与沟通也是必不可少的。只有这样，才能确保铁路货运的安全和稳定，为国家经济的发展作出更大的贡献。

七、信息技术应用

利用信息技术如物联网、大数据、人工智能等可以提高铁路货运行车安全管理的效率和准确性。例如，通过大数据分析可以预测和预警可能发生的事故，通过人工智能可以自动化地监控列车的运行状态等。

随着科技的不断发展，信息技术在各行各业的应用越来越广泛。在铁路货运行车安全管理方面，物联网、大数据、人工智能等信息技术发挥了重要的作用。这些技术的应用，不仅可以提高安全管理的效率和准确性，还可以为铁路货运行车的安全保驾护航。

（一）物联网技术的应用可以实现列车的实时监控和数据采集

通过在列车上安装各种传感器和设备，可以实时监测列车的运行状态、货物状态、车厢状态等信息。这些数据通过物联网技术传输到后台管理系统，管理人员可以随时了解列车的运行情况，及时发现和处理各种安全隐患。

（二）大数据分析技术的应用可以对历史数据和实时数据进行深入挖掘和分析

通过对大量的历史数据进行分析，可以发现列车运行中的规律和趋势，预测可能发生的事故和故障。同时，通过对实时数据的分析，可以及时发现异常情况并进行预警，避免事故的发生。这种技术的应用，不仅可以提高安全管理的准确性，还可以为列车的安全运行提供更加科学和可靠的依据。

（三）人工智能技术的应用可以实现列车的自动化监控和智能调度

通过人工智能技术，可以对列车运行过程中的各种数据进行自动分析和处理，及时发现和处理各种安全隐患。同时，人工智能技术还可以根据列车的运行情况和货物的需求进行智能调度，优化列车运行线路和货物配载方案，提高铁路货运的效率和效益。

铁路货运行车安全管理需要从各个方面入手，通过制定和执行安全规程，加强人员培训和管理，提高设备维护和检查的频率，加强应急管理和信息技术应用等措施，可以有效地保障铁路货运行车的安全。

第九节　季节性安全管理

铁路货运季节性安全管理是一项重要的工作，它涉及许多方面的因素，需要采取一系列的措施来确保铁路货运的安全和稳定。铁路货运季节性安全管理需要考虑季节性因素对铁路货运的影响。铁路货运作为现代物流的重要环节，其安全性和稳定性对于整个物流链的运作至关重要。然而，季节性因素对铁路货运的影响不容忽视。

在冬季，冰雪天气和气温骤降给铁路货运带来了巨大的挑战。作业人员可能会因为严寒影响工作效率和安全。此外，作业工具和车辆扶手也必须采取防冻措施，以防止因气温过低导致双手粘连而受伤。为了应对这些问题，铁路部门需要提前做好充分的准备工作。例如，为作业人员配备足够的保暖衣物和防寒用品，确保他们能够在寒冷的环境中正常工作。同时，对作业工具和车辆扶手进行防冻处理，以减少安全隐患。铁路线路在冬季容易结冰和积雪，这不仅会影响列车的正常运行，还可能引发安全事故。因此，铁路部门须加强线路巡查和维护工作。通过定期巡查，及时发现并清理线路上的积雪和冰块，确保列车能够安全、顺利地运行。此外，还可以采取一些技术措施来降低结冰和积雪对线路的影响，如安装融雪装置或改善线路排水系统。

夏季的高温酷暑也对铁路货运提出了挑战。长时间在高温下工作可能导致作业人员中暑，影响身体健康和工作效率。铁路部门须采取一系列措施来保障作业人员的安全和健康。例如，合理安排作业时间，避免在高温时段进行长时间户外作业；为作业人员提供充足的饮用水和防暑降温用品；定期组织体检和健康讲座，提高作业人员的健康意识和自我保护能力。除了关注作业人员的安全和健康外，铁路部门还需要对设备进行定期检查和维护，以确保其正常运行。特别是在高温环境下，设备可能会出现各种故障和问题，如机械部件磨损、电气系统过热等。铁路部门须加强设备的日常检查和维护工作，及时发现并处理潜在问题，确保设备的稳定性和可靠性。

铁路货运季节性安全管理需要综合考虑不同季节的特点和挑战。通过采取一系列针对性的措施，铁路部门可以有效地降低季节性因素对铁路货运的影响，确保安全、高效、稳定的运输服务。这不仅有助于提高物流链的整体效率，还有助于提升铁路部门的形象和信誉。

铁路货运季节性安全管理需要考虑货物的性质和特点。铁路货运作为物流链的重要环节，其安全性不容忽视。特别是在季节性安全管理中，货物的性质和特点成为相关人员必须深入探讨的课题。不同的货物拥有各自独特的物理或化学属性，这些属性直接决定了它们在运输过程中可能面临的风险。例如，有些货物具有易燃易爆的特性，有些货物则容易腐烂变质。这就要求在运输过程中，根据货物的特性，采取相应的安全措施。

对于易燃易爆的货物，需要在整个运输过程中严格控制温度和湿度，并确保货物与火源隔离。此外，对于这类货物，还须在包装上特别注明危险品标志，并配备相应的消防设施。而对于容易腐烂变质的货物，则需要特别关注温度和湿度的控制，以保持货物的良好状态。

除了上述的物理或化学特性外，货物的价值也是在进行季节性安全管理时必须考虑的因素。高价值的货物往往要求相关人员采取更为严格的安全措施，以防止任何可能的损失。此外，为了确保铁路货运的安全性，还须定期对运输设备和工具进行检查和维护。这包括对车辆、集装箱和货架的检查，以及对温度和湿度控制设备的维护。只有确保这些设备和工具的正常运行，才能有效地降低运输过程中的风险。

铁路货运季节性安全管理还需要考虑人员的管理和培训。铁路货运作为国家经济的大动脉，其安全与稳定至关重要。而这种安全并不仅仅依赖于硬件设施，更与人员的管理和培训密不可分。铁路货运涉及众多工作人员，如列车司机、装卸工、调度员等，他们的操作水平和安全意识直接关系到铁路货运的安全和稳定。

第一，人员的管理是铁路货运安全的重要一环。铁路货运的各个环节都需要专业的人员进行操作，而这些人员的素质和技能水平直接影响到铁路货运的安全。因此，对于人员的管理必须严格、规范，确保每个工作人员都具备相应的技能。此外，还需要建立完善的人员管理制度，包括岗位责任制度、安全操作规程等，确保每个工作人员都明确自己的职责和操作规范。

第二，人员的培训也是铁路货运季节性安全管理中不可或缺的一环。随着技术的不断更新和进步，铁路货运的相关知识和技能也在不断更新。因此，定期的培训和考核对于提高人员的技能水平和安全意识至关重要。培训内容应涵盖铁路货运的基本知识、安全操作规程、应急处理等方面的知识和技能。同时，还需要结合实际案例进行分析和讲解，使人员更加深入地理解铁路货运安全的重要性。

第三，对于新入职的人员，要进行全面的岗前培训，确保他们具备基本的技能和知识，能够胜任相应的工作岗位。对于在职人员，也要定期进行复训和考核，确保他们的技能和知识能够跟上铁路货运的发展和变化。

第四，铁路货运季节性安全管理还要建立完善的安全管理制度和应急预案。在出现突发情况时，要有相应的制度和预案来指导工作人员进行及时的处置和应对。例如，在出现列车事故时，要有应急预案来指导工作人员进行救援和处理。

铁路货运季节性安全管理是一项复杂而重要的工作。为了确保铁路货运的安全和稳定，要采取一系列的措施来加强季节性安全管理，提高工作人员的安全意识和操作技能，建立完善的安全管理制度和应急预案。只有这样，才能确保铁路货运的安全和稳定。

第十节　设备设施管理

铁路货运设备设施管理关乎铁路货运的安全，直接影响着运输效率和经济利益。随着铁路货运的持续发展，设备设施管理也显得越发重要。

铁路货运设备设施管理直接关系到运输安全。铁路货运设备设施种类繁多，包括机车、车辆、线路、信号等，任何一个环节的疏忽都可能引发安全事故。对设备设施进行科学有效的管理，确保其正常运行，是铁路货运安全的重要保障。

设备设施管理对运输效率产生直接影响。高效的设备设施管理可以减少设备故障，保障列车正点率，从而提升铁路货运的整体效率。例如，通过对车辆进行定期维护，可以减少在行驶过程中出现故障的概率，确保货物的及时送达。设备设施的管理还关乎经济利益。设备设施是铁路货运的核心资产，对其进行合理的维护和更新，可以延长其使用寿命，降低运营成本。如果管理不善，会导致设备提前报废或产生不必要的维修费用，从而增加运营成本。

第一，铁路货运设备设施管理需要有一个完善的制度。这个制度应该包括设备的采购、使用、维护和报废等各个环节。在采购设备时，要考虑设备的性能、价格和售后服务等因素；在使用设备时，要严格按照操作规程进行，避免设备的损坏；在维护设备时，需要定期进行检查、保养和维修，确保设备的正常运行；在报废设备时，要考虑设备的剩余价值和处理方式，避免浪费和环境污染。

第二，铁路货运设备设施管理要有一支专业的管理团队。这个团队应该具备丰富的管理经验和专业知识，能够对各种设备进行有效的管理。同时，这个团队还要具备高度的责任心和团队合作精神，能够及时处理各种突发问题，确保铁路货运的安全和稳定。

第三，铁路货运设备设施管理需要借助先进的技术手段。随着科技的不断发展，越来越多的新技术被应用到设备设施管理中。例如，物联网技术，以其强大的实时监控和数据采集能力，为设备设施管理提供了前所未有的便利。通过物联网技术，相关人员可以实现对设备的实时监控，无论设备位于何处，都能对其进行精确的管理和调控。这不仅大大提高了设备设施的运营效率，也使得设备的维护和保养变得更为便捷。而大数据技术的运用，更是为设备设施管理提供了强大的分析能力。通过对设备使用情况的全面分析，相关人员可以深入了解设备的工作状态、性能变化以及潜在的故障风险。这不仅为设备的维护和更新提供了科学依据，还能帮助管理者制定更为合理、有效的管理策略。此外，物联网和大数据技术的应用还大大降低了设备设施的管理成本。通过实时的数据采集和分析，相关人员可以提前预测设备的维修需求，避免了不必要的维修和更换，从而节省了大量成本。同时，这些技术的应用也使得设备设施管理更为智能化，减少了人工干预的需求，进一步降低了管理成本。

物联网和大数据技术的应用，为设备设施管理带来了革命性的变革。它们不仅提高了管理效率和质量，降低了管理成本，更为相关人员的生活和工作带来了极大的便利。在未来，随着科技的不断发展，相关人员有理由相信，物联网和大数据技术将在设备设施管理中发挥更大的作用，推动社会不断向前发展。

铁路货运设备设施管理是一项非常重要的工作。只有建立完善的制度、组建专业的管理团队、借助先进的技术手段，才能实现对设备设施的有效管理，确保铁路货运的安全、效率和经济利益。

第十一节　供应商管理

铁路货运供应商管理是指铁路货运公司与供应商之间建立的一种合作关系，旨在确保铁路货运业务的顺利进行。这种关系需要建立在互相信任、互相支持的基础上，以确保双方都能够获得最大的利益。铁路货运供应商管理的重要性在于，供应商的效率和可靠性对铁路货运公司的运营产生直接影响。一个可靠的供应商可以保证铁路货运公司的运输效率，降低运营成本，提高运输安全性，减少货损和延误。

铁路货运供应商管理包括供应商评估、供应商选择、供应商合同管理以及供应商关系管理等方面。在评估供应商时，要考虑供应商的信誉、服务质量、价格以及技术能力等方面。在选择供应商时，要考虑供应商的竞争力和与铁路货运公司的战略匹配度。在合同管理方面，需要确保合同条款明确、合理，并能够保证双方的利益。在关系管理方面，要建立良好的沟通机制，及时解决合作中出现的问题，并寻求长期合作的机会。在铁路货运供应商的管理中，选择合适的供应商是至关重要的。这不仅关乎铁路货运公司的运营效率，更直接影响公司的经济效益。在选择供应商时，除了要考虑价格因素外，还要看重供应商的信誉和服务质量。此外，供应商的技术能力和创新能力在铁路货运公司的运营中扮演着至关重要的角色。一个技术实力雄厚的供应商不仅能够提供更优质的产品，还能在关键时刻提供技术支援，帮助铁路货运公司解决运营中的难题。在选择供应商时，铁路货运公司应该充分考虑供应商的技术实力和创新能力，以确保能够获得更好的产品和服务。

第一，技术实力是供应商的核心竞争力之一。一个技术实力雄厚的供应商通常拥有先进的生产设备和工艺，能够生产出更高品质的产品。此外，这样的供应商还拥有一支高素质的技术团队，能够不断进行技术研发和创新，以满足铁路货运公司的各种需求。在遇到技术问题时，这样的供应商能够迅速组织技术力量进行解决，确保铁路货运公司的运营不受影响。

第二，供应商的创新能力也是非常重要的。在当今竞争激烈的市场环境下，只有不断创新才能保持竞争优势。一个具有创新能力的供应商能够不断推出新产品、新服务，帮助铁路货运公司开拓新的市场、提高运营效率。此外，这样的供应商还能够提供创新的解决方案，帮助铁路货运公司解决运营中的难题。

为了确保供应商的技术实力和创新能力得到充分发挥，铁路货运公司应与供应商建立长期、稳定的合作关系。通过建立互信、共同发展的合作机制，铁路货运公司可以更好地了解供应商的技术实力和创新能力，并为其提供更好的支持和合作机会。同时，铁路货运公司还应该加强与供应商之间的沟通与交流，及时反馈问题和需求，促进双方的合作更加顺畅、高效。

供应商的技术实力和创新能力是铁路货运公司运营中不可或缺的重要因素。为了确保能够获得更好的产品和服务，铁路货运公司应该充分考虑供应商的技术实力和创新能力，并与供应商建立长期、稳定的合作关系。通过这样的合作机制，铁路货运公司可以不断提升自身的竞争力，实现可持续发展。

建立良好的与供应商的合作关系在铁路货运公司的运营中具有重要的意义。这种关系的建立不仅有助于提高运营效率，降低成本，还能增强公司的市场竞争力。因此，铁路货运公司应当高度重视与供应商的合作关系，通过有效的沟通机制，及时反馈和解决问题，确保供应链的稳定和高效。

第一，建立良好的与供应商的合作关系需要双方共同的努力。铁路货运公司应当与供应商建立有效的沟通机制，确保信息的及时传递和问题的及时解决。这种沟通应当是双向的，既包括铁路货运公司向供应商反馈问题，也包括供应商向铁路货运公司反馈问题。通过这种有效的沟通，双方可以更好地理解彼此的需求和挑战，共同解决问题，提高运营效率。

第二，铁路货运公司应当与供应商共同寻求长期合作的机会。在市场竞争日益激烈的今天，长期的合作关系可以为双方带来更多的利益。通过共同应对市场的挑战，铁路货运公司和供应商可以更好地把握市场机遇，提高自身的竞争力。长期的合作关系也可以降低供应链的风险，提高供应链的稳定性。

为了更好地建立良好的与供应商合作的关系，铁路货运公司还可以采取一些具体的措施。例如，定期对供应商进行评估和审核，确保供应商的质量和交货期满足公司的要求。同时，铁路货运公司还可以与供应商共同制订长期的发展计划，明确双方的合作目标和期望。此外，铁路货运公司还可以通过提供培训和技术支持，帮助供应商提高自身的实力和竞争力。

建立良好的与供应商合作的关系是铁路货运公司运营中不可或缺的一环。通过有效的沟通机制和长期的合作关系，铁路货运公司和供应商可以共同应对市场的挑战，提高自身的竞争力和市场地位。因此，铁路货运公司应当高度重视与供应商的合作关系，努力建立稳定、高效的供应链。

在供应商合同管理方面，要确保合同的条款明确、合理，避免出现模糊不清的情况。合同中应该明确双方的权利和义务，以及违约责任等关键内容。这样既能保证铁路货运公司的利益，也能维护供应商的合法权益。此外，按照外包管理制度与委外作业安全管理等相关文件的要求，铁路货运公司需要与委外单位签订安全交底确认书，并督促委外单位对操作人员进行安全业务培训。这样能够确保作业人员熟悉作业指导书流程和规定，从而杜绝简化作业与违章行为的发生。通过这些措施，铁路货运公司可以更好地保障运营安全，实现与供应商的共赢。

为了实现有效的铁路货运供应商管理，一系列的措施是必不可少的。①建立一个完善的供应商评估体系是至关重要的。这个体系应该包括对供应商的服务质量、效率、价格等多个方面的评估标准。通过定期对供应商进行评估和审查，可以确保供应商始终符合相关人员的要求，并及时发现和解决潜在的问题。在这个过程中，要注意供应商的可持续发展能力和社会责任。选择具有这些特质的供应商可以促进企业的可持续发展，并帮助企业实现社会责任目标。②可以通过与供应商建立长期合作关系来提高供应商的稳定性，减少频繁更换供应商带来的成本和风险。③为了更好地管理供应商，还要建立一个完善的供应商信息管理系统。这个系统可以记录供应商的基本信息、评估结果、合作历史等，方便相关人员进行查询和管理。通过这个系统，相关人员可以快速了解供应商的情况，及时作出决策，提高管理效率。

与供应商的沟通也是非常重要的。①定期举行会议或电话交流，了解供应商的需求和困难，及时解决问题，增强双方的信任和合作。同时，相关人员还可以通过这些沟通机会了解行业动态和市场变化，及时调整相关人员的策略和计划。②需要与供应商建立良好的合作关系，加强沟通与协作，共同解决问题和应对挑战。在当今商业环境中，与供应商建立良好的合作关系至关重要。供应商是供应链中的重要一环，他们的表现直接影响后续生产和运营。因此，要投入时间和精力，与供应商建立稳固的合作关系，共同应对各种挑战。加强沟通与协作是与供应商建立良好关系的关键。有效的沟通可以消除误解，促进双方之间的理解和合作。铁路部门应该定期与供应商召开会议，讨论合作中的问题、分享信息，并共同制定解决方案。③应该鼓励供应商提出自己的意见和建议，以便不断改进合作关系。④建立完善的合同管理体系和法律风险防范体系也是必要的。合同是双方合作的法律依据，确保合同的合法性和有效性至关重要。相关人员应该制定明确的合同条款，明确双方的权利和义务，并确保合同内容符合相关法律法规。同时，还应该建立法律风险防范体系，以应对可能出现的法律纠纷。为了确保合同的合法性和有效性，可以采取以下措施。

（1）聘请专业的法律顾问团队，对合同进行审查和修改，以确保其合法性和有效性；

（2）建立合同管理流程，对合同的起草、审查、签署、执行和终止等环节进行规范管理；

（3）定期对合同管理体系进行评估和改进，以确保其适应业务发展和法律法规的变化。

与供应商建立良好的合作关系需要相关人员加强沟通与协作、建立完善的合同管理体系和法律风险防范体系。只有这样，相关人员才能确保供应商的稳定性和可靠性，共同应对各种挑战，实现互利共赢的局面。

铁路货运供应商管理是铁路货运业务中不可或缺的一环。通过建立良好的合作关系、加强评估和审查、完善管理体系等措施，可以确保铁路货运供应商管理的有效性和高效性，为铁路货运公司的可持续发展提供有力保障。

第十二节　安全检查与隐患排查治理

一、整改落实

铁路货运安全检查与隐患排查治理的整改落实是一项重要的任务，它要求相关人员们采取切实有效的措施，确保铁路货运的安全和稳定。

（一）铁路货运安全是铁路运输中的重要环节

为了确保铁路货运的安全，必须加强安全检查。安全检查是铁路货运安全保障的重要措施之一，它包括对货物的检查、对车辆的检查以及对线路的检查等多个方面。

第一，对货物的检查。货物的安全检查主要包括货物的装载、捆扎、包装以及货物的性质等方面的检查。对于易燃、易爆、剧毒等危险品货物的检查更是需要特别注意，必须严格按照相关规定进行操作。此外，为了确保货物的安全，还要对货物的装载车辆进行适当的固定和限速，以防止车辆在运输过程中发生倾覆或颠簸，导致货物损坏或泄漏等安全事故。

第二，对车辆的检查。车辆的安全检查主要包括对车辆的机械部件、制动系统、车轮和车轴等部分的检查。对于一些老旧、损坏或维修不当的车辆，必须及时进行维修或更换，以确保车辆在运输过程中的安全性能。此外，为了确保车辆的安全，还要对车辆进行定期的维护和保养，以及按照规定的速度和载重进行运输。

第三，对线路的检查。线路的安全检查主要包括对轨道、桥梁、隧道等部分的检查。对于一些存在安全隐患的线路，必须及时进行维修或更换，以确保线路在运输过程中的安全性能。此外，为了确保线路的安全，还要对线路进行定期的巡查和维护，以及及时清理线路上的障碍物和积水等。

（二）隐患排查治理也是一项重要的工作

要对铁路货运系统进行全面的隐患排查，发现潜在的安全隐患，并及时采取有效的治理措施。这包括对设备进行维修和更新、加强安全管理等。在整改落实的过程中，还需要注意以下几个方面。

1. 责任落实

明确责任分工，确保每项整改措施都有人负责，不出现漏洞和死角。在任何组织或项目中，责任分工都是至关重要的。明确责任分工，意味着将整改措施落实到具体的人员，每个人都清楚自己的职责，从而形成一个完整的整改体系。

（1）明确的责任分工有助于提高工作效率

当每个人都清楚自己的职责时，他们可以专注于自己的任务，避免因职责不明确而导致的混乱和拖延。这样可以大大提高工作效率，使整改措施得以迅速实施。

（2）明确的责任分工有助于提高工作质量

当每个人都对自己的工作负责时，他们会更加认真地对待自己的任务，减少疏漏和错误的可能性。这样可以确保整改措施得到高质量的执行，从而达到预期的效果。此外，明确的责任分工还有助于形成良好的工作氛围。当每个人都清楚自己的职责时，他们可以更好地协作，形成团队凝聚力。这样可以增强团队的协作能力，使整改工作得以顺利进行。为了明确责任分工，可以采用多种方法。①制订详细的工作计划，明确每个人的职责和任务。②建立有效的沟通机制，确保每个人都清楚了解整改措施的目标和要求。③定期进行工作评估和反馈，及时发现和解决责任分工中存在的问题。明确责任分工是确保整改措施得到全面覆盖的关键。通过提高工作效率、工作质量和团队氛围，相关人员可以建立一个更加高效、有序的整改体系。为了实现这一目标，相关人员需要制订详细的工作计划、建立有效的沟通机制和定期进行工作评估和反馈。

2. 科学管理

运用科学的管理方法和技术手段，提高整改工作的效率和效果。在当今社会，管理方法和技术手段的科学与否，直接关系工作效率和效果的高低。特别是在整改工作中，科学的管理方法和技术手段更是不可或缺。①要明确什么是科学的管理方法和技术手段。科学的管理方法，是指基于实证研究和逻辑推理得出的管理理论和方法，如目标管理、全面质量管理等。而技术手段则是指利用现代科技工具和手段，如信息技术、数据分析等，来提高工作效率和效果。在整改工作中，科学的管理方法和技术手段的应用具有重要意义。科学的管理方法可以帮助人们明确工作目标，制订合理的工作计划，分配资源，协调各方面的工作，从而提高工作效率和效果。②技术手段的应用可以帮助人们更好地收集、整理和分析数据，及时发现问题并采取有效措施解决问题，从而提高整改工作的针对性和有效性。那么，如何运用科学的管理方法和技术手段，提高整改工作的效率和效果呢？以下是一些具体的建议。

（1）制订科学的工作计划

在制订工作计划时，要充分考虑实际情况和资源状况，制订合理的工作目标和计划。同时，要注重计划的灵活性和可调整性，以便应对可能出现的意外情况。

（2）运用数据分析工具

通过运用数据分析工具，如数据挖掘、机器学习等，对大量数据进行处理和分析，从而发现问题的根源和规律，提高整改工作的针对性和有效性。

（3）引入现代科技工具

如引入自动化设备、智能化系统等现代科技工具，可以提高工作效率和精度，减少人为错误和疏漏。

（4）建立有效的沟通机制

建立有效的沟通机制，及时反馈工作进展和问题，协调各方面的工作，保证整改工作的顺利进行。

（5）注重人才培养和团队建设

通过培训、交流等方式，提高工作人员的专业素质和管理能力，打造高效、协作的团队。

3. 监督检查

加强对整改工作的监督检查，确保各项措施得到有效执行和落实。

4. 信息反馈

及时反馈整改工作的进展情况和存在的问题，以便采取相应的措施进行解决。通过以上措施的落实，可以有效地保障铁路货运的安全和稳定，为经济发展和社会进步作出更大的贡献。

二、跟踪整改进度

为保障铁路货运的安全，铁路部门采取了一系列的安全检查与隐患排查治理措施。

（一）不断加强安全检查的力度

铁路货运作为国家物流体系的重要组成部分，其安全问题至关重要。为了确保铁路货运的安全，铁路部门采取了一系列严密的安全检查措施。这些措施不仅涵盖了对货物的安全检查，还包括对车辆和线路的安全检查，从而全方位地保障铁路货运的安全。①对货物的安全检查是铁路货运安全的第一道防线。铁路部门对货物的安全检查主要包括货物的包装、标识以及货物的稳定性等方面。对于易燃、易爆、剧毒等危险品，铁路部门更是采取了严格的安全检查措施，确保货物的安全运输。同时，铁路部门还会定期对货物进行抽检，以防止任何潜在的安全隐患。②对车辆的安全检查是铁路货运安全的重要环节。铁路车辆作为承载货物的载体，其安全性直接关系到铁路货运的安全。铁路部门对车辆的安全检查主要包括车辆的制动系统、车轮磨损、车体结构等多个方面。在检查过程中，一旦发现安全隐患，铁路部门会立即进行整改，确保车辆的安全运行。③对线路的安全检查是铁路货运安全的重要保障。铁路线路作为列车运行的轨道，其安全性直接关系到列车的运行安全。铁路部门对线路的安全检查主要包括线路的轨道、道岔、信号设备等多个方面。同时，铁路部门还会定期对线路进行巡查和维护，以确保线路的安全运行。为了进一步加强铁路货运的安全，铁路部门还采取了一系列的安全管理措施。例如，加大了对安全检查的力度，增加了安全检查的频次，以及引入了先进的安全检测设备等。这些措施的实施，不仅提高了铁路货运的安全性，也提升了铁路部门的运营效率。

（二）全面推进隐患排查治理

为了保障铁路货运的安全，铁路部门采取了一系列措施，其中最重要的是开展隐患排查治理工作。这项工作的目的是发现和消除铁路货运中存在的安全隐患，从而确保铁路运输的稳定和安全。隐患排查治理工作是铁路部门的一项重要任务。在工作中，铁路部门会对铁路货运的各个环节进行全面检查，包括货物的装载、运输、卸载等。一旦发现任何安全隐患，将会立即进行整改，以确保铁路货运的安全。为了更好地开展隐患排查治理工作，铁路部门建立了一套完善的隐患排查治理机制。这套机制包括定期检查、随机抽查、问题反馈等多个环节，以确保隐患排查治理工作的全面推进。同时，铁路部门还加强了对员工的培训和教育，提高他们的安全意识和安全操作技能，从而更好地保障铁路货运的安全。此外，铁路部门还采取了一系列其他措施来保障铁路货运的安全。例如，加强对铁路货运设备的维护和更新，提高设备的可靠性和安全性。同时，铁路部门还加强对铁路货运过程的监控和管理，及时发现和解决各种问题，确保铁路货运的顺利进行。

（三）实时监控跟踪整改进度

为了确保铁路运输的安全，铁路部门采取实时监控跟踪整改进度的措施。实时监控是一种先进的科技手段，通过安装监控设备，可以对铁路运输的全过程进行实时监控。这种监控不仅覆盖了铁路线的各个角落，还可以对列车运行的状态进行实时监测。一旦发现异常情况，监控系统会立即发出警报，提醒工作人员及时处理。

通过实时监控，铁路部门可以及时发现安全检查和隐患排查治理中存在的问题。这些问题可能包括设备故障、违规操作、安全隐患等。一旦发现问题，铁路部门会立即组织人员进行整改，确保问题得到及时解决。实时监控还可以对安全检查和隐患排查治理的效果进行评估。通过对监控数据的分析，铁路部门可以了解各项安全措施的实施情况，评估其效果，并为后续的工作提供参考。这有助于铁路部门不断完善安全检查和隐患排查治理的措施，提高铁路运输的安全水平。

铁路货运安全检查与隐患排查治理跟踪整改进度在不断加强。通过加大安全检查力度、全面推进隐患排查治理以及实时监控整改进度等措施，可以更好地保障铁路货运的安全。未来，铁路部门将继续加强安全检查和隐患排查治理工作，为铁路货运的安全保驾护航。

三、确保整改质量效果

为了确保铁路货运安全检查与隐患排查治理的整改质量效果，需要采取一系列切实有效的措施。

（一）建立健全的整改质量管理体系至关重要

这个体系应该明确责任主体和工作流程，确保每个环节都有明确的责任人，从而形成完整的责任链条。同时，要制订详细的工作计划和时间表，确保各项整改措施得到有序推进。在这个过程中，加强人员培训和管理也是不可或缺的一环。铁路货运安全检查与隐患排查治理需要专业知识和技能，要对相关人员进行定期培训，提高他们的业务水平和责任心。要加强对工作人员的日常管理和监督，确保他们能够按照规定的要求和标准进行工作。除了人员管理，设备设施的维护和更新也是整改质量的重要保障。铁路货运设备设施种类繁多，要定期进行检查、维修和更换。对于存在安全隐患的设备设施，要及时进行整改或更换，确保运输安全。同时，要加强对设备设施的日常维护和保养，延长其使用寿命，降低故障率。加强信息沟通和协作也是提高整改质量的重要手段。铁路货运安全检查与隐患排查治理涉及多个部门和多方利益相关者，因此，要加强信息沟通和协作。要建立健全的信息共享机制，及时传递相关信息，以便各方能够及时了解整改进展情况，共同解决问题。同时，要加强与利益相关者的沟通协调，争取他们的支持和配合，共同推动整改工作的顺利进行。建立完善的考核评估机制也是确保整改质量的重要措施。要对整改工作进行定期评估和考核，对存在的问题及时进行整改和改进。同时，要将考核结果与奖惩机制挂钩，激励相关人员积极投入整改工作，提高工作质量和效率。

（二）要加强现场检查和隐患排查

及时发现和处理各类安全隐患，防止事故发生。同时，还要注重加强技术监测和设备维护，确保铁路货运设备设施的正常运行。铁路货运作为我国物流体系的重要组成部分，其安全问题至关重要。为了确保铁路货运的安全，必须采取一系列有效的措施，其中加强现场检查、隐患排查以及技术监测和设备维护是不可或缺的环节。加强现场检查是保障铁路货运安全的基础。现场检查涉及对铁路线路、车辆、信号等各个方面的检查，旨在及时发现潜在的安全隐患。通过定期和不定期的现场检查，可以及时发现设备故障、线路损坏等问题，从而避免事故的发生。对于检查中发现的问题，必须采取果断措施进行整改，确保问题得到有效解决。隐患排查也是保障铁路货运安全的重要手段。隐患排查主要是对铁路货运系统中可能存在的安全隐患进行全面排查和治理。通过深入细致的隐患排查，可以及时发现潜在的安全风险，并采取相应的措施进行整改。同时，还要加强对隐患排查工作的监督和考核，确保排查工作的全面性和有效性。除了现场检查和隐患排查，技术监测和设备维护也是保障铁路货运安全的重要措施。铁路货运设备种类繁多，技术复杂，必须加强设备的日常维护和保养。通过技术监测和设备维护，可以及时发现设备的异常情况，避免设备故障对货运安全造成影响。同时，还要积极引进新技术、新设备，提高铁路货运设备的科技含量，为铁路货运安全提供更加可靠的保障。

（三）要建立整改质量效果评估机制

对整改工作进行全面评估和监督，确保整改质量达到预期效果。通过这些措施的实施，可以有效地提高铁路货运安全检查与隐患排查治理的整改质量效果，保障铁路货运的安全和稳定。

第十三节　双重预防机制建设

一、铁路货运安全管理双重预防机制建设

双重预防机制建设，旨在通过风险管理和隐患排查，有效降低铁路货运事故的发生率。在建设过程中，对风险和隐患概念的理解以及它们之间关系

的把握至关重要。

（一）风险和隐患的概念

风险是指某一事故发生的可能性及其可能造成的损失。在铁路货运领域，风险主要来源于货物运输过程中的各种不确定因素，如天气变化、设备故障、人为操作失误等。风险管理就是对这些不确定因素进行识别、评估和控制的过程，以最大限度地减少事故发生的可能性。隐患则是指在生产过程中存在的可能导致事故发生的问题或缺陷。在铁路货运中，隐患可能包括设备老化、维护不当、操作规程不规范等。与风险不同的是，隐患通常是已经存在并可能导致事故发生，要及时发现和整改。

（二）风险和隐患之间存在着密切的关系

一方面，风险是隐患存在的前提。没有风险就没有隐患，只有当某种不确定因素存在时，才有可能导致问题的出现；另一方面，隐患是风险的具象化表现。风险是一种可能性，而隐患则是这种可能性转化为现实的桥梁。因此，在铁路货运安全管理双重预防机制建设中，要将风险管理和隐患排查有机结合起来。

为了更好地理解风险和隐患的关系，可以举一个例子。假设某段铁路存在一个桥梁，由于设计上的缺陷，该桥梁存在一定的风险。如果这种风险没有得到及时的控制和管理，就可能发展成为隐患，最终导致桥梁坍塌等事故的发生。

在这个例子中，可以看到风险和隐患之间存在着密切的联系。风险是一种潜在的危险，可能在未来发生。如果对这种风险置之不理，风险就可能演变成隐患，最终导致事故的发生。为了更好地识别风险和隐患，需要建立一个有效的风险管理体系。这个体系应该包括以下几个方面。

（1）风险识别。通过各种手段和方法，识别出可能存在的风险和隐患。

（2）风险评估。对识别出来的风险进行评估，确定其可能造成的影响和损失。

（3）风险控制。采取有效的措施，对风险进行控制和管理，降低其可能造成的影响和损失。

（4）风险监控。对已经控制的风险进行持续的监控和管理，确保其不会演变成隐患。

铁路货运安全管理双重预防机制建设需要充分理解风险和隐患的概念及其关系。通过科学的风险管理和及时的隐患排查整改，可以有效降低铁路货运事故的发生率，保障人民群众的生命财产安全。

二、铁路货运安全管理安全风险评定等级与管控措施

（一）铁路货运安全管理的意义

铁路货运安全管理不仅关乎铁路运输的效率和成本，更直接关系人民群众的生命财产安全。随着铁路货运量的逐年增长，安全风险也随之加大。对铁路货运安全风险进行科学评定和有效管控不仅可以减少事故发生的概率，降低损失，还可以提高铁路货运的可靠性，为经济发展提供有力保障。例如，根据历史数据和事故案例分析，可以对铁路货运中的常见安全风险进行分类和评级，从而有针对性地采取预防和应对措施。此外，通过引入先进的安全管理理念和技术手段，如大数据分析、人工智能等，可以进一步提高铁路货运安全管理的水平，为铁路货运的可持续发展保驾护航。

（二）铁路货运安全风险评定的必要性

铁路货运安全风险评定是铁路货运安全管理中的核心环节，它对于保障铁路货运的安全、高效、可靠具有重要的意义。在铁路货运过程中，由于货物种类繁多、运输环境复杂，存在着各种安全风险。因此，对铁路货运安全风险进行科学评定，是提高铁路货运安全管理水平、降低事故发生概率的重要手段。

第一，铁路货运安全风险评定要对各种可能出现的风险进行全面评估。这包括货物装载、运输过程中可能出现的损坏、丢失等风险，以及由于天气、

地质等自然灾害引发的安全风险。通过对这些风险的全面评估，可以及时发现潜在的安全隐患，为采取相应的预防措施提供依据。

第二，铁路货运安全风险评定要采用科学的方法和手段。这包括对货物运输过程中的各项数据进行实时监测、收集和分析，以及对运输环境进行全面的调查和研究。通过这些方法和手段，可以更加准确地评估铁路货运安全风险的大小和可能性，为制定相应的安全管理措施提供科学依据。

第三，铁路货运安全风险评定还要注重实践经验的积累和总结。在铁路货运过程中，经常会出现一些突发情况，如交通事故、自然灾害等。通过对这些突发情况的总结和分析，可以不断完善安全风险评定体系，提高安全风险评定的准确性和可靠性。

为了提高铁路货运安全管理水平、降低事故发生概率，要不断加强铁路货运安全风险评定工作，建立完善的安全风险评定体系，为铁路货运事业的发展提供有力保障。通过对铁路货运安全风险的评定，可以及时发现和解决潜在的安全隐患，减少事故发生的概率，保障铁路货运的安全和可靠性。同时，安全风险评定还可以为铁路货运安全管理提供科学依据，优化安全管理措施，提高安全管理的效率和效果。例如，通过对历史数据的分析，可以发现铁路货运事故的规律和特点，为预防和控制事故提供有力支持。此外，安全风险评定还可以促进铁路货运领域的科技创新和进步，推动铁路货运向更安全、更高效、更可靠的方向发展。

（三）铁路货运安全风险评定等级

1. 安全风险评定等级的划分

铁路货运安全风险评定等级的划分对于安全管理至关重要。根据风险源、风险影响程度和风险发生概率的不同，可以将安全风险评定等级划分为若干个级别。例如，在铁路货运中，货物装载、运输时间和路线、设备设施状态等因素都可能引发安全风险。通过对这些因素进行综合评估，可以确定相应的安全风险评定等级。对于低风险，可以采取常规管控措施；对于中等风险，要加强监测和管控；对于高风险，需要制定专项管控措施并加强监测频次；对于极高风险，必须采取紧急措施并立即停运。例如，某铁路货运公司根据安全风险评定等级划分，对不同等级的风险采取不同的管控措施。对于货物装载不规范等低风险因素，采取常规检查和培训措施；对于运输时间和路线等中等风险因素，加强沿途巡查和监控；对于设备设施老化等高风险因素，采取定期维修和更换措施；对于极端天气等极高风险因素，采取调整运输计划或停运等紧急措施。通过这些措施的实施，该公司有效降低了铁路货运安全风险的发生概率和影响程度。

2. 安全风险评定等级的标准

安全风险评定等级的标准是铁路货运安全管理中的重要依据。根据不同的风险等级，可以采取相应的管控措施，有效降低安全风险。在评定安全风险等级时，通常需要考虑货物类型、运输路线、运输组织、设备设施等多个因素。例如，对于易燃易爆等危险品，需要采用更为严格的安全管理措施，如专车运输、专人押运等，以确保运输途中的安全。同时，对于运输路线中的桥梁、隧道等关键节点，也需要加强安全监测和维护，确保运输安全。在评定安全风险等级时，可以采用多种分析模型，如风险矩阵分析法、概率风险评估法等，对各种可能出现的风险进行定量和定性分析，从而更加准确地评定安全风险等级。

安全风险评定等级的标准是铁路货运安全管理中的重要依据。只有综合考虑各种因素、采用科学的方法，才能准确地评定安全风险等级。通过有效的安全管理措施，相关人员可以有效降低安全风险，确保铁路货运的安全和稳定。

3. 安全风险评定等级的实践应用

在铁路货运安全管理中，安全风险评定等级的实践应用至关重要。为了确保铁路货运的安全，必须对安全风险进行准确的评定，并根据评定结果采取相应的管控措施。在实际操作中，评定等级的划分和标准是关键。通常，安全风险评定等级可分为高、中、低三个等级，每个等级对应不同的风险程度和管控措施。例如，对于高等级的风险，要采取严格的预防和应对措施，如增加安全检查频次、强化设备维护等；对于低等级的风险，则可以适当降低管控力度，但仍需保持警惕，防止风险升级。

在安全风险评定的实践应用中，数据采集与分析是关键环节。通过收集铁路货运的相关数据，如事故发生率、设备故障率等，可以对安全风险进行定量评估。同时，结合专家评估和统计分析方法，可以对数据进行分析和挖掘，为制定更精确的管控措施提供依据。例如，通过分析事故发生的原因和规律，可以有针对性地加强相关环节的安全管理，有效降低事故发生的概率。

安全风险评定等级的实践应用需要注重动态调整和持续改进，随着铁路货运环境和条件的变化，安全风险也会相应变化。需要定期对安全风险进行重新评定，并及时调整管控措施。通过持续优化评定方法和改进管控措施，可以不断提升铁路货运安全管理的水平，确保铁路货运的安全畅通。

三、安全隐患分类与排查治理

（一）铁路货运安全隐患

1. 定义与分类

铁路货运安全隐患是指在铁路货运过程中存在的可能导致货物损失、人员伤亡、环境污染等不安全因素。这些不安全因素可能源自设备故障、人为失误、管理缺陷等多个方面。为了更好地管理和控制这些隐患，要对其进行分类。分类的依据可以包括隐患的性质、发生概率、危害程度等多个维度。例如，可以根据隐患的发生概率和危害程度将隐患分为高风险、中风险和低风险；也可以根据隐患的性质将其分为设备隐患、管理隐患、人为隐患等。通过分类，可以更好地识别和评估各种隐患的风险，为后续的排查治理和预防控制提供依据。

在铁路货运安全隐患的分类中，需要充分考虑各种因素，包括设备、人员、管理等多个方面。例如，设备隐患包括车辆、线路、信号等设备的故障或缺陷；人为隐患包括操作失误、违章作业等行为；管理隐患包括安全制度不健全、安全培训不到位等问题。这些隐患可能单独存在，也可能相互交织，需要综合考虑各种因素进行分类。同时，分类还需要结合实际情况，不断调整和优化，以更好地适应铁路货运安全管理的需要。

2. 安全隐患的来源和形成机理

安全隐患的来源和形成机理是铁路货运安全管理中的重要研究课题。大量事故案例的分析发现安全隐患主要来源于设备故障、人为失误、环境影响以及管理缺陷等多个方面。其中，设备故障主要是设备老化、维护不当或制造缺陷等原因引起的；人为失误则主要是操作人员技能不足、注意力不集中或违章操作等原因造成的；环境影响则是自然灾害、气候变化等不可控因素引发的；管理缺陷则通常是制度不健全、监管不到位或资源配置不合理等原因形成的。

在形成机理方面，铁路货运安全隐患的产生往往不是单一因素的结果，而是多种因素相互交织、相互影响的结果。例如，设备故障可能与人为失误相互关联，操作人员的不当操作可能导致设备损坏或失灵；环境影响也可能与管理缺陷相互叠加，恶劣天气可能导致运营中断，而管理上的疏忽则可能加剧事故的后果。

为了有效预防和控制铁路货运安全隐患，要深入分析各种因素的内在联系和相互作用机制。这可以通过建立安全风险评估模型来实现，通过对各种因素的量化分析，确定不同因素的风险等级和优先级，进而采取有针对性的措施进行治理和预防。同时，也需要加强人员培训、设备维护、环境监测等方面的管理工作，从源头上减少安全隐患的产生。

3. 安全隐患的危害和影响

安全隐患的危害和影响不容忽视。在人们的日常生活中，安全隐患无处不在，它们可能隐藏在人们看似平常的环境中，一旦触发，后果不堪设想。特别是在铁路货运这个领域，安全隐患的危害和影响更是被凸显得淋漓尽致。铁路货运安全隐患的危害首先体现在对货物的损失上。一旦发生事故，货物可能会遭受严重损坏，导致巨大的经济损失。此外，如果事故发生在运输途中，还可能影响运输的时效性，对企业的生产和销售造成影响。近年来，由于铁路货运安全隐患导致的列车脱轨、货物倾覆等事故时有发生。这些事故不仅造成了人员伤亡，还给人民的生命财产安全带来了严重威胁。据统计，每年因铁路货运安全隐患造成的经济损失高达数亿元。这个数字背后，是无数个家庭的痛苦和无助。这些事故不仅给受害者带来了无法弥补的伤痛，也对社会的稳定和和谐造成了影响。因此，必须高度重视铁路货运安全隐患的问题。加强安全监管，完善相关法律法规，确保铁路货运的安全运行。加强员工培训，提高员工的安全意识和应对突发事件的能力。此外，还要加强技术研发和应用，提高铁路货运的安全性和可靠性。铁路货运作为国家经济的大动脉，承担着大量的物资运输任务。随着其快速发展，一系列安全隐患也逐渐显现，其中最不容忽视的就是其对环境的潜在影响。铁路货运过程中存在的安全隐患可能直接导致环境污染。例如，油料泄漏和危险品爆炸等事故，不仅对铁路运输系统造成巨大损失，更对周边环境造成严重污染。油料泄漏会污染土壤、水源，影响生态平衡；而危险品爆炸则可能引发火灾、有毒气体泄漏等连锁反应，对周边居民的身体健康构成严重威胁。

铁路货运安全隐患对环境的破坏还表现在对自然景观的破坏上。例如，为了修建铁路，可能会对沿线的生态环境造成破坏，导致生物多样性减少、土地退化等问题。此外，铁路运输过程中产生的噪声、震动也会对周边居民的生活质量产生负面影响。

针对以上问题，应从多个方面着手解决铁路货运安全隐患对环境的威胁。①加大铁路货运安全监管力度，提高运输安全标准，从源头上减少事故发生的可能性。②推广环保技术应用，减少运输过程中的环境污染。例如，采用低排放、低噪声的机车，加强油料泄漏的预防和应急处理措施等。此外，政府和企业还应加大对铁路沿线生态环境的保护力度。通过合理规划线路、优化运输组织、加强生态修复等措施，降低铁路货运对自然环境的破坏程度。同时，提高公众环保意识，加强环保教育，让更多人认识到铁路货运安全隐患对环境的危害，共同参与到环保行动中来。

铁路货运安全隐患不仅关乎运输安全，更直接影响到人们的生存环境。只有从多个层面采取有效措施，才能最大限度地降低铁路货运对环境的负面影响。

（二）铁路货运安全隐患的识别与评估

1. 安全隐患的识别方法

安全隐患的识别是铁路货运安全管理中的重要环节，为了更准确地识别安全隐患，要采用多种识别方法。

第一，可以采用定期检查的方法，对铁路货运设备设施进行全面的检查，及时发现存在的安全隐患。铁路货运设备、设施的安全是铁路运输中的重要环节，为了确保其安全可靠，可以采用定期检查的方法。在定期检查中，要对铁路货运设备设施进行全面的检查，包括货车的车轮、刹车系统、连接装置等关键部位。这些部位的安全可靠直接关系铁路运输的安全和效率，因此，要特别关注。对于货车的车轮，要定期检查其磨损程度和运行状态，如果发现车轮磨损严重或者运行状态异常，需要及时更换或者维修。刹车系统也是关键部位之一，要定期检查其制动效果和制动装置的可靠性，确保在紧急情况下能够及时停车。连接装置是货车之间的连接部位，要定期检查其连接是否牢固，是否存在松动或者断裂的情况。除了对关键部位的检查外，还需要对铁路货运设备设施的其他部位进行检查，如车体、车门、照明设备等。这些部位虽然不是关键部位，如果出现问题也会影响铁路运输的安全和效率。为了确保定期检查的有效性，要制订详细的检查计划和标准，并严格按照计划和标准进行检查。同时，还需要加强设备的维护和保养，及时处理发现的问题，确保铁路货运设备设施的安全可靠。

第二，可以采用数据分析的方法，对铁路货运数据进行分析，发现存在的安全隐患。随着科技的不断发展，数据分析在各个领域的应用越来越广泛。在铁路货运领域，数据分析同样具有重要的作用。通过对铁路货运数据的分析，可以发现存在的安全隐患，保障铁路运输的安全。数据分析可以帮助相关人员发现潜在的安全隐患。通过对货运列车的运行数据进行分析，相关人员可以发现列车在弯道处的速度过快，可能引发安全事故。此外，数据分析还可以发现列车在途中的异常情况，如货物丢失、车厢损坏等，这些情况都可能对运输安全造成威胁。

通过对历史数据的分析，可以发现一些安全隐患的规律和趋势。例如，某些时间段、某些路段的货物运输量较大，可能存在安全隐患。通过对货运数据的分析，相关人员可以了解货物的流量、流向和运输需求，从而优化运输路线和运输方案。数据分析在铁路货运领域具有重要的作用。通过数据分析，可以发现存在的安全隐患、预测未来的安全隐患、优化运输方案等，保障铁路运输的安全。随着技术的不断发展，相信数据分析在铁路货运领域的应用将越来越广泛。

第三，还可以采用专家评估的方法，邀请专家对铁路货运设备设施进行评估，发现可能存在的安全隐患。专家评估是一种科学、专业的评估方式，通过邀请各个领域的专家，对铁路货运设备设施进行全面的检查和评估，以发现可能存在的安全隐患。这种评估方式具有很高的权威性和可信度，可以为铁路货运的安全提供强有力的保障。在专家评估的过程中，可以邀请电气专家对货运列车的电气系统进行评估。电气系统是铁路货运列车的重要组成部分，其安全可靠直接关系到列车的运行安全。电气专家可以对电气系统的各个部件进行详细的检查，测试其性能和安全性，以确保电气系统在各种复杂环境和条件下都能稳定、可靠地运行。除了电气系统，铁路货运设备与设施还包括许多其他的关键部分，如制动系统、转向架、车钩等。这些部分同样要进行专业的评估，以确保其安全性和可靠性。例如，制动系统是列车运行过程中的重要安全保障，制动系统的评估需要对其性能、可靠性、耐久性等方面进行全面的测试和评估，以确保列车在紧急制动时能够迅速、准确地停车。

除了对单个设备的评估，专家评估还可以对整个铁路货运系统进行全面的安全评估。这要对铁路货运的各个环节进行深入的分析和研究，包括运输组织、调度指挥、设备维护等方面。通过全面的安全评估，可以发现整个铁路货运系统中可能存在的安全隐患和问题，并提出相应的改进措施和建议，以提升铁路货运的安全性和可靠性。

2. 安全隐患的评估标准和流程

铁路货运安全隐患的评估标准和流程是确保安全隐患得到准确评估的关键。在评估过程中，应遵循科学、客观、全面的原则，采用定性和定量相结合的方法。例如，可以依据安全隐患的潜在危害程度、发生的概率和可控制性等因素进行评估。同时，要注重数据的收集和分析，利用历史数据和案例，建立安全隐患的风险评估模型，提高评估的准确性和可靠性。此外，还可以借鉴国际先进的安全评估标准和方法，如美国的 HAZOP 和 LOPA 等，结合实际情况进行应用和创新。铁路货运安全隐患的评估标准和流程是确保安全隐患得到准确评估的关键，需要不断优化和完善，提高评估的质量和效果。

3. 安全隐患的风险评估和分级

在进行铁路货运安全隐患排查时，风险评估和分级是至关重要的环节。通过对各类安全隐患进行风险评估，可以确定各个隐患的潜在危害程度和可能造成的损失，进而对其进行分级。根据风险评估和分级的结果，可以更有针对性地进行排查和治理，提高工作效率和资源利用率。例如，可以采用层次分析法、模糊综合评价法等分析模型，对铁路货运安全隐患进行定性和定量评估，从而更准确地确定其风险等级。同时，可以借鉴国际上铁路货运安全隐患排查治理的经验和做法，引入第三方评估机构，提高风险评估和分级的客观性和公正性。此外，应注重预防和控制工作的原则和策略，加强员工培训和教育，提高全员安全意识和风险防范能力，从根本上降低铁路货运安全隐患的风险。

（三）铁路货运安全隐患的排查

1. 安全隐患排查的方法和工具

铁路货运安全隐患排查是一项至关重要的工作，它关乎铁路运输的安全和稳定。在排查过程中，方法和工具的选择尤为重要。随着科技的不断发展，越来越多的先进技术和工具被应用于安全隐患的排查中，为铁路货运的安全保驾护航。

传统的检测设备在铁路货运安全隐患排查中发挥着不可替代的作用。例如，红外线、紫外线、X 光等检测设备能够有效地检测出货物中的异常情况，及时发现潜在的安全隐患。这些设备的运用，大大提高了排查的准确性和效率，为铁路货运的安全提供了有力保障。然而，仅仅依靠传统的检测设备是远远不够的。随着智能化技术的不断发展，一些智能化的排查工具也逐渐应用于铁路货运中。例如，无人机、智能巡检机器人等，这些工具可以在危险环境中进行安全排查，避免了人工排查的风险和不足。同时，这些智能化的排查工具还具有高效、灵活、准确的优点，能够大大提高排查的效率和安全性。除了智能化的排查工具外，数据分析技术也在铁路货运安全隐患的排查中发挥着越来越重要的作用。通过对大量数据的分析和处理，可以发现一些潜在的安全隐患和风险点，为后续的治理工作提供依据。这种基于数据的安全隐患排查方法，能够更加精准地定位问题，提高治理的针对性和有效性。

在铁路货运安全隐患排查中，选择合适的排查方法和工具是至关重要的。随着科技的发展，相信会有更多的先进技术和工具被应用于安全隐患的排查中，为铁路货运的安全提供更加全面和有效的保障。同时，也应该加强相关人员的培训和教育，提高他们的安全意识和技能水平，共同为铁路货运的安全稳定发展贡献力量。

2. 排查工作的组织和实施

排查工作的组织和实施是铁路货运安全隐患管理中的关键环节。为了确保排查工作的有效性和全面性，须采取一系列的措施。①应建立完善的排查制度，明确排查工作的责任主体和排查周期，确保排查工作的常态化。②应制定科学的排查方案，包括排查范围、排查内容、排查方法和排查流程等，以确保排查工作的系统性和科学性。同时，应注重排查人员的培训和管理，提高排查人员的专业素质和责任心。③应加强与相关部门的沟通和协作，形成工作合力，共同推进排查工作的开展。④应建立安全隐患排查数据库，对排查结果进行分类整理和统计分析，为后续的安全隐患治理和预防工作提供数据支持。

3. 排查工作的效果评估和改进

在铁路货运安全隐患排查工作中，效果评估和改进是至关重要的环节。为了确保排查工作的有效性和持续性，必须对排查工作的效果进行科学评估，并根据评估结果进行有针对性的改进。①要建立完善的评估体系，包括评估指标、评估方法和评估流程。评估指标应涵盖排查工作的各个方面，如排查覆盖率、隐患发现率、整改完成率等。评估方法可以采用定量分析和定性分析相结合的方式，通过对数据的收集、整理和分析，客观反映排查工作的效果。同时，要注重评估流程的规范化和透明化，确保评估结果的可信度和有效性。②要根据评估结果进行改进，针对排查工作中存在的问题和不足，制订相应的改进措施和计划。改进措施应注重实际效果，切实提高排查工作的质量和效率。此外，要加强对改进工作的监督和评估，确保改进措施的有效实施。③要不断总结经验教训，完善排查工作机制。通过不断优化排查流程、完善排查手段、提高排查人员素质等方式，逐步形成科学、规范、高效的排查工作机制，为铁路货运安全提供有力保障。

（四）铁路货运安全隐患的治理

1. 安全隐患治理的原则和策略

安全隐患治理是铁路货运安全管理的重要环节，其原则和策略对于治理工作的成功起着至关重要的作用。在治理安全隐患时，应遵循预防为主、注重实效、动态管理的原则。预防为主意味着在安全隐患出现之前采取措施进行预防，如定期检查设备、加强员工安全培训等，以降低安全隐患的发生率。注重实效则要求在治理过程中注重实际效果，不断优化和改进治理策略，确保治理工作真正起到作用。动态管理则强调对安全风险的持续监测和调整，以应对不断变化的安全形势。

为了实现这些原则，需要制定有效的安全隐患治理策略。

第一，建立完善的安全管理制度和规范是确保企业安全的重要保障。①要明确各级责任和义务。企业应该建立完善的安全管理组织架构，明确各级管理人员和员工的职责和义务。从高层到基层员工，每个人都应该对自己的安全负责，并且承担相应的责任。同时，铁路部门应该制定详细的安全管理规章制度，明确各项安全操作规程和安全标准，让员工清楚自己的行为是否符合安全要求。②要确保安全管理工作有章可循。铁路部门应该建立完善的安全管理流程，包括安全检查、隐患排查、事故处理等方面。这些流程应该明确、具体、可操作性强，并且要定期进行评估和改进。同时，还要建立完善的安全管理考核机制，对各级管理人员和员工的安全管理工作进行考核和奖惩，以激励员工积极参与安全管理。③要加强安全培训和教育。通过定期开展安全培训课程、安全知识竞赛等活动，提高员工的安全意识和技能水平。④企业应该鼓励员工积极参与安全管理，提出安全改进建议，共同营造安全和谐的工作环境。

铁路部门应该建立完善的安全管理制度和规范明确各级责任和义务，确保安全管理工作有章可循，加强安全培训和教育，共同营造安全和谐的工作环境。

第二，要加强安全宣传教育，提高员工的安全意识和技能水平，增强员工对安全隐患的敏感性和应对能力。此外，还要加大安全投入，完善安全设施，提高设备的安全性能和可靠性。

为了确保安全隐患治理工作的有效实施，还要建立安全隐患排查和治理的流程。①要对各类安全隐患进行全面排查，识别出可能存在的安全风险点，并对其进行分类和评估。②根据评估结果制定相应的治理措施，明确责任人和治理期限。在治理过程中，要定期对治理进度进行检查和评估，确保治理工作按计划进行。③要建立安全隐患治理的反馈机制，及时反馈治理效果和存在的问题，以便不断优化和改进治理策略。④为了提高安全隐患治理的效果和质量，可以引入先进的安全管理理念和方法。例如，可以采用风险矩阵法、事故树分析等分析模型对安全隐患进行深入分析，找出根本原因和关键因素。⑤可以借鉴国内外先进的安全管理经验和做法，不断优化和完善自身的安全管理体系。

铁路货运安全隐患治理需要遵循一定的原则和策略，通过建立完善的安全管理制度、加强安全宣传教育、加大安全投入、建立安全隐患排查和治理流程以及引入先进的安全管理理念和方法等措施，不断提高安全隐患治理的效果和质量，确保铁路货运的安全和稳定。

2. 治理工作的组织和实施

治理工作的组织和实施是铁路货运安全隐患排查治理中的关键环节。为确保治理工作的有效性和及时性，要建立完善的组织架构和实施流程。

第一，为了确保铁路货运的安全，要成立一个专门的铁路货运安全隐患治理小组。这个小组应该由相关部门负责人和专家组成，他们将负责制订全面的治理计划，协调各方面的资源，监督执行过程，并评估治理效果。

第二，这个小组的成立是必要的，因为铁路货运涉及多个部门和多方利益相关者，需要有一个权威的机构来统一协调和管理。这个小组应该具备丰富的专业知识和实践经验，能够深入分析铁路货运中存在的安全隐患，并提出切实可行的解决方案。在制订治理计划时，小组应该充分考虑铁路货运的特点和实际情况，制定出符合实际需求的治理方案。方案应该包括具体的工作目标、任务分工、时间安排和保障措施等内容，以确保治理工作的有序进行。在协调资源方面，小组应该积极争取各方面的支持与配合，包括人力、物力和财力等方面的支持。同时，小组还应该加强与相关部门的沟通与协作，共同推动铁路货运安全隐患治理工作的顺利开展。在监督执行方面，小组应该建立健全的监督机制，确保治理计划得到有效执行。小组应该定期对治理工作进行评估和检查，及时发现和解决问题，确保治理工作的质量和效果。

第三，在评估治理效果时，小组应该制定科学的评估标准和方法，对治理工作进行全面、客观、公正的评估。评估结果应该及时向有关部门和社会公众公开，以便接受监督和反馈。

第四，成立专门的铁路货运安全隐患治理小组是确保铁路货运安全的重要措施之一。通过制订全面的治理计划、协调资源、监督执行和评估效果等方面的努力，可以有效地减少铁路货运中的安全隐患，保障人民群众的生命财产安全。

第五，要制订详细可行的治理计划，明确治理目标、任务分工、时间安排和预算等关键要素。同时，要确保治理计划具有足够的灵活性和可调整性，以便应对可能的变化和挑战。此外，要充分整合和利用内外部资源，加强与相关部门的沟通和协作，形成合力，共同推进治理工作。在实施过程中，要注重数据分析和监测评估，及时发现问题、调整方案、优化措施。最后，要建立健全的奖惩机制，对治理工作表现突出的个人和单位进行表彰奖励，对治理不力的单位和个人进行问责处理。

3. 治理工作的效果评估和改进

治理工作的效果评估和改进是铁路货运安全隐患排查与治理过程中的重要环节。①为了确保治理工作的有效性和可持续性，必须对治理效果进行科学、客观的评估，并根据评估结果进行相应的改进。②评估工作应遵循全面性、客观性、科学性和有效性的原则，采用多种评估方法，如安全检查表法、风险矩阵法、层次分析法等，对治理工作的各个方面进行深入分析和评估。③应注重数据的收集和整理，运用数据分析工具对数据进行处理和分析，以得出更加准确和客观的评估结果。④评估结果应真实反映治理工作的成效，指出存在的问题和不足，并提出相应的改进措施和建议。⑤应定期开展治理工作的复查和评估，以便及时发现和解决潜在的安全隐患，不断完善和优化治理工作，提高治理效果和质量。

第三章　安全分析与安全评价

第一节　安全分析

一、安全生产委员会

（一）铁路货运安全生产的意义

1.铁路货运安全生产的现状

随着铁路货运的快速发展，安全问题日益凸显。据统计，近年来铁路货运事故发生率呈上升趋势，给人民的生命财产安全带来了严重威胁。因此，铁路货运安全生产的重视程度亟须加强。①铁路货运安全生产是铁路运输的基石。铁路运输作为国家重要的基础设施，承担着大量的货物运输任务。一旦发生事故，不仅会造成货物损失，还会影响铁路运输的效率和声誉。因此，保障铁路货运安全是铁路运输事业可持续发展的必要条件。②铁路货运安全生产对于保障人民群众生命财产安全具有重要意义。铁路货运作为我国交通运输的重要组成部分，铁路货运的安全生产问题不容忽视。这不仅关乎人民群众的生命财产安全，更是国家稳定和经济发展的基石。铁路货运安全生产的重要性不言而喻，必须高度重视铁路货运安全生产，采取切实有效的措施，确保铁路运输的安全、畅通。

2.铁路货运安全生产的法律法规与政策

铁路货运安全生产的法律法规与政策，是确保铁路货运安全的重要保障。当今社会，铁路货运承担着大量的物资运输任务，其安全性直接关系人民群众的生命财产安全。因此，制定和实施严格的法律法规与政策，对于提高铁路货运的安全性和可靠性至关重要。

（1）铁路货运安全生产必须遵守一系列规定和标准，涵盖设备安全、人员资质、操作规程等多个方面。以铁路货运车辆为例，其制动系统、车轴探伤、车轮磨损等关键设备必须符合国家规定的安全标准。这意味着任何不符合标准的设备都必须更换或维修，以确保铁路货运的安全。此外，铁路货运人员必须具备相应的资质和技能，能够熟练地操作设备和应对突发情况。同时，铁路货运安全生产还需要遵守一系列的规章制度，如列车调度、信号显示、道口管理等。这些规章制度的制定和实施，旨在规范铁路货运的操作流程，防止事故的发生。

（2）为了提高铁路货运的安全性和可靠性，除了遵守法律法规与政策外，还须加强技术研发和设备更新。随着科技的不断发展，新的技术和设备不断涌现，为铁路货运的安全生产提供了更多的选择和可能性。例如，智能化技术在铁路货运领域的应用，可以实现实时监控、自动预警和快速响应，大大提高了铁路货运的安全性和效率。

（3）加大铁路货运安全生产的监管力度也是必不可少的。政府部门应加强对铁路货运企业的监督检查，确保其严格遵守法律法规与政策。同时，对于违反规定的企业，应依法予以严厉处罚，起到警示作用。另外，铁路货运安全生产还需要社会的广泛参与和监督。人民群众应提高安全意识，发现安全隐患及时向有关部门反映。媒体也应发挥舆论监督作用，对铁路货运安全生产进行客观报道和评价。

为了提高铁路货运的安全性和可靠性，需要从多个方面入手：遵守法律法规与政策、加强技术研发和加快设备更新、加大监管力度以及社会广泛参与和监督。只有这样，才能真正保障人民群众的生命财产安全，推动铁路货运事业的持续发展。

（二）铁路货运安全生产的职责划分

1. 中级注册安全工程师的职责

中级注册安全工程师在铁路货运安全生产中扮演着重要的角色。他们负责制定和实施安全管理制度，确保铁路货运生产过程中的安全。他们要深入了解铁路货运安全生产的法律法规和政策，确保公司的安全生产行为符合相关法规要求。中级注册安全工程师还需要定期进行安全检查，及时发现和处理安全隐患，防止事故的发生。他们须具备丰富的安全知识和技能，能够应对各种突发情况，采取有效的应急措施。此外，中级注册安全工程师还须与其他部门密切合作，共同推进铁路货运安全生产工作。他们须关注新技术、新方法的出现，不断更新和完善安全管理制度，提高铁路货运安全生产的水平。

2. 铁路货运安全管理人员的职责

铁路货运安全管理人员是铁路货运安全生产中的重要力量，他们承担着确保铁路货运安全生产的职责。①铁路货运安全管理人员须全面了解铁路货运安全生产的法律法规和政策，确保铁路货运安全生产工作符合相关法律法规和政策的要求。②铁路货运安全管理人员须制定和完善铁路货运安全生产的规章制度，并监督执行情况，确保各项规章制度得到有效执行。③铁路货运安全管理人员须对铁路货运安全生产进行全面监督和检查，及时发现和处理安全隐患，防止事故的发生。④铁路货运安全管理人员须加强应急救援体系建设，制定应急预案，并组织开展应急演练，提高应对突发事件的能力。为了更好地履行职责，铁路货运安全管理人员须不断学习和掌握新技术、新方法，提高安全管理水平。⑤铁路货运安全管理人员须加强与其他相关部门的沟通和协作，共同维护铁路货运安全生产的稳定和安全。

3. 铁路货运安全生产委员会的职责

铁路货运安全生产委员会作为铁路货运安全生产的领导机构，承担着制定安全生产政策、监督安全生产执行情况、协调解决安全生产问题等重要职责。为了更好地履行这些职责，铁路货运安全生产委员会须采取一系列的策略和措施。①要建立健全安全生产管理制度，明确各级管理人员和从业人员的职责和义务，制定相应的考核标准和奖惩机制。②要加强安全生产宣传教育，提高全体员工的安全意识和安全操作技能，形成良好的安全文化氛围。③要加强安全生产监督检查，及时发现和整改安全隐患，确保各项安全措施得到有效执行。④要积极推广先进的安全生产技术和设备，提高铁路货运安全生产的科技含量和管理水平。⑤要建立健全的应急预案和救援体系，确保在突发事件发生时能够迅速、有效地应对，最大限度地减少人员伤亡和财产损失。

二、月度安全例会

月度安全例会是一项重要的安全管理制度，旨在加强铁路货运安全管理，提高运输效率和运输安全水平。在月度安全例会上，货运部门的领导和员工共同回顾和总结本月内运输安全情况，分析存在的安全隐患和问题，如货物装载加固仍有待加强。部分员工对装载加固规定掌握不够熟练，作业过程中存在一定程度的违规操作现象；列车运行监控系统仍存在一定局限性。目前系统还不能完全覆盖所有列车和线路，部分区域的监控还存在盲区；部分设备设施老化严重。由于资金和维修人员不足等原因，部分设备设施未得到及时更新和维修，存在一定的安全隐患；安全培训效果有待提高。虽然已开展安全培训工作，但部分员工在实际操作中仍存在不规范行为，须进一步强化培训效果。对此，提出相应的改进措施和解决方案。一是加强对员工的培训和教育，提高其对货物装载加固规定的掌握程度，规范作业流程，杜绝违规操作现象。二是完善列车运行监控系统，加大投入力度，实现对所有列车和线路的全面覆盖，消除监控盲区。三是加大对设备设施的投入和维护力度，及时更新老化设备设施，提高设备设施的性能和安全性。同时，加强维修人员队伍建设，提高维修人员的技术水平和工作责任心。四是持续开展安全培训工作，定期对员工进行安全知识培训和操作技能考核，确保员工熟练掌握安全规章制度和操作规程。同时，加强应急演练，提高员工应对突发情况的能力和反应速度。五是建立健全奖惩机制，对于在安全工作中表现突出的个人和部门给予表彰和奖励，对于存在安全隐患和违规操作的部门和个人进行严肃处理和惩罚。通过奖惩机制激励全体员工更加重视铁路货运安全工作。同时，对下一个月的安全管理工作进行了规划和部署，明确各部门和岗位的安全职责和工作重点。通过月度安全例会，铁路货运部门可以及时发现和解决安全问题，提高员工的安全意识和安全操作技能，确保铁路货运的安全和稳定。还要加强部门之间的沟通和协作，提高整体运输效率和运输安全水平。在未来的工作中，铁路货运部门应继续加强月度安全例会的管理和实施，不断完善安全管理制度和措施，确保铁路货运的安全和稳定，为经济社会发展提供可靠的物流保障。

三、安全专题分析会

为了提高铁路货运的安全性，须对铁路货运的安全事故进行深入分析，找出原因，并制定相应的预防措施。

（一）铁路货运安全事故原因分析

铁路货运作为我国物流体系的重要组成部分，承担着大量的物资运输任务。然而，近年来铁路货运安全事故频发，给人们的生命财产安全带来了严重威胁。

1. 设备故障

设备故障是导致铁路货运安全事故的主要原因之一，成为威胁铁路货运安全的一大隐患。由于设备老化、维护不当等原因，铁路货运设备容易出现故障，进而引发安全事故。例如，车辆的刹车系统失灵、车轴断裂、信号灯故障等都可能导致事故的发生。这些事故不仅会造成财产损失，更严重的是威胁人民的生命安全。

对于设备故障引发的事故类型，有以下几点：

（1）列车脱轨

当列车的车轮或转向架出现故障时，列车容易发生脱轨事故。脱轨事故往往会造成重大的人员伤亡和财产损失。

（2）相撞事故

当两列或多列列车在交会或并线时，如果信号灯或通信设备出现故障，可能会导致列车相撞事故。

（3）货物倾覆

当货车或挂车的承载结构出现故障时，货物可能会发生倾覆，造成货物损坏和环境污染。

为了提高铁路货运的安全性，加强设备的维护和保养显得尤为重要。首先，应定期对铁路货运设备进行全面检查，及时发现并处理潜在的故障。其次，应加强设备的日常保养工作，确保设备始终处于良好的工作状态。最后，还应提高设备的维修效率和质量，缩短设备维修时间，减少因维修导致的运输延误。

2. 人为因素

铁路货运涉及大量的手工操作，因此操作人员的技能水平、工作态度等个人因素对货运安全的影响不容小觑。

第一，操作人员的技能水平是影响铁路货运安全的关键因素。具备专业知识和技能的操作者能够准确、熟练地完成各项操作，从而降低事故发生的可能性。如果操作人员的技能水平不足，对设备不熟悉或操作不当，便可能引发安全事故。例如，在货物装卸过程中，操作人员对货物重量、尺寸等参数不了解，可能会导致超载或重心不稳等问题，从而增加事故风险。

第二，工作态度也是影响铁路货运安全的重要因素。操作人员是否认真负责、遵守规章制度，对安全意识的重视程度等都会影响事故的发生率。例如，操作人员存在违规操作、超速行驶、注意力不集中等问题，都可能导致安全事故的发生。此外，操作人员对设备维护的重视程度也会影响设备的安全性能，进而影响货运安全。

第三，除了操作人员的因素外，各区域之间的协调和配合也是影响铁路货运安全的重要因素。货运列车在运输过程中须经过多个车站和调度区域，各区域之间的信息沟通、任务协调等都至关重要。如果各区域之间缺乏有效的协调配合，可能会导致列车延误、货物错配等问题，从而增加事故风险。

为了提高铁路货运安全，相关人员需要从操作人员的技能水平、工作态度和各区域之间的协调配合等方面入手，采取有效的措施降低铁路货运安全事故的发生率，保障货物的安全运输。

3. 环境因素

环境因素在铁路货运安全中扮演着不可忽视的角色。由于铁路货运线路绵长，覆盖地域广泛，它不可避免地会受到自然环境的影响。这些影响可能源自各种自然灾害，如地震、洪水、暴风雨等，这些灾害都有可能对铁路货运设备造成损害，进一步引发安全事故。

（1）地震

地震，这一地球的剧烈震动，对人类社会和自然环境都带来了巨大的破坏。其中，铁路基础设施在地震中更是首当其冲，路基、轨道和桥梁等都可能受到不同程度的损坏。这些基础设施的损坏不仅会导致列车无法正常运行，还可能引发一系列的次生灾害，如泥石流、山体滑坡等。

以 2008 年的汶川大地震为例，这场地震不仅造成了大量的人员伤亡和房屋倒塌，还对当地的铁路基础设施造成了严重的破坏。许多路段的路基出现了裂缝和下沉，轨道也出现了扭曲和错位。此外，桥梁更是遭到了不同程度的损坏，有些甚至完全垮塌。这些损坏导致灾区的铁路货运几乎瘫痪，给救援工作带来了极大的困难。

为了减少地震对铁路基础设施的破坏，须采取一系列的措施。在铁路设计时应该充分考虑到地震的影响，加强路基和轨道的抗震能力。在地震高发区，应该尽可能地避免建设重要的铁路设施，或者采取有效的减震措施。此外，在地震发生后，应该及时进行抢修和维护，确保铁路运输的尽快恢复。

（2）洪水

洪水，这一自然界的强大力量，不仅对人类的生命财产安全构成威胁，也对铁路运输这一重要的交通方式带来严重的影响。大量的降雨和迅速积聚的水流，如同野兽般狂暴，它们冲毁铁路的路基，将轨道冲离原位，造成严重的破坏。

铁路的路基是整个铁路结构的基础，它须承受列车的重量，传递牵引力，确保列车的稳定运行。洪水的冲刷可以轻易地破坏这一基础结构。大量的水流冲刷路基，使其变得松软，甚至被彻底冲毁。一旦路基受损，铁路运输的安全性将受到严重威胁。更为严重的是，轨道可能会被洪水冲离原位。轨道是铁路运输的命脉，一旦轨道出现偏移或错位，列车就无法安全运行。而修复这样的损害，需要耗费大量的时间和资源。这不仅会立即中断货运，影响物流的顺畅，且对于铁路运营方来说，也是一笔不小的经济负担。为了应对这一挑战，铁路运营方须采取一系列的措施。①须加强铁路基础设施的建设，提高其抵抗洪水的能力。例如，加固路基、提高轨道的高度、设置有效的排水系统等。②还须建立完善的预警系统，及时预测和应对洪水灾害。

洪水对铁路运输的影响不容忽视。相关部门必须正视这一挑战，采取有效的措施来降低其影响。只有这样，才能确保铁路运输的安全、高效和顺畅。

（3）暴风雨

在自然灾害中，暴风雨以其不可预测和破坏性强的特点，给铁路货运带来了诸多挑战。强风可能吹翻列车，暴雨则可能引发山洪冲毁轨道，这些都对铁路运输的安全和稳定构成了严重威胁。

首先，强风对铁路货运的影响不容忽视。当强风超过一定限度时，列车可能会被吹翻，导致货物损失和运输中断。此外，强风还可能引起树木倾倒、电线杆断裂等现象，这些都会对铁路运输造成障碍。为了应对强风带来的挑战，铁路部门须加强列车结构的稳定性，提高列车的抗风能力。同时，也需要加强对沿线环境的监测和预警系统建设，以便及时发现并处理潜在的安全隐患。

其次，暴雨对铁路货运的影响同样严重。暴雨可能导致山洪暴发、泥石流等自然灾害，这些灾害会直接冲毁铁路轨道，造成运输中断。此外，暴雨还可能引发洪水淹没车站和货物仓库，导致货物损失和损坏。为了应对暴雨带来的挑战，铁路部门须加强轨道建设和维护，提高轨道的抗洪能力。同时，也须建立完善的排水系统，防止洪水对车站和货物造成损害。

暴风雨对铁路货运的影响是多方面的，需要铁路部门采取多种措施来应对。通过加强列车结构的稳定性、轨道建设和维护、基础设施的维护和升级等工作，可以有效地减少暴风雨对铁路货运的影响，保障运输的安全和稳定。同时，也需要加强监测和预警系统建设，以便及时发现并处理潜在的安全隐患，最大限度地减少损失和损害。

（4）雷电

雷电，这一自然界的壮观景象，同时也是铁路运输中的一大隐患。当雷电击中列车时，不仅可能造成严重的设备损坏，还可能威胁到乘客和工作人员的生命安全。因此，相关人员需要深入了解雷电对铁路运输的影响，并采取有效的措施来降低这一风险。

首先，要明白雷电的形成原理。雷电是大气中的静电放电现象，通常发生在雷暴天气中。当云层中的电荷积累到一定程度时，就会产生电场强度超过空气的电离阈值的区域，进而引发闪电和雷鸣。这些强大的电流会沿着空气中的电场流动，有时会击中地面上的物体，包括列车。

那么，雷电是如何影响列车安全的呢？当雷电击中列车时，强大的电流会通过列车外部的金属结构传导至车内，造成设备短路、损坏，甚至引发火灾。此外，雷电还可能通过车顶的受电弓进入列车，对牵引供电系统造成破坏。这些设备故障不仅可能导致列车停运，还可能威胁到乘客和工作人员的生命安全。

为了降低雷电对列车安全的影响，铁路部门采取了一系列措施。在列车设计阶段就充分考虑了防雷需求，对车顶的受电弓等关键部位进行了防雷保护设计。在运营过程中，列车会采取避雷措施，尽量避免在雷暴天气下运行。此外，铁路部门还会定期对列车进行防雷检测和维护，确保其防雷性能始终处于良好状态。

然而，尽管采取了这些措施，雷电对列车安全的影响仍然存在。因此，须进一步加强研究，探索更加有效的防雷技术和方法。例如，可以研发更加先进的避雷设备，提高列车的抗雷击能力；还可以加强气象监测和预警系统建设，提前预测雷暴天气并采取应对措施。

除了这些自然灾害外，铁路货运线路穿越的地区气候条件也是一大挑战。严寒、酷暑等极端天气条件都可能对货运设备造成影响。例如，严寒可能导致轨道收缩，酷暑则可能导致轨道膨胀，这些变化都可能引发安全问题。

为了应对这些挑战，加强环境因素的监测和预警变得至关重要。通过先进的监测设备和技术，相关人员可以及时发现并预警各种自然灾害和气候变化。在此基础上，及时采取应对措施，如启动应急预案、调整运输计划等，都可以降低环境因素对铁路货运安全的影响。

环境因素是影响铁路货运安全的重要原因之一。为了提高铁路货运的安全性，必须对环境因素有深入的了解，并采取有效的应对措施。只有这样，才能确保铁路货运的顺利进行，为经济发展和社会稳定作出贡献。

4. 管理因素

铁路货运涉及的环节众多，如装卸、运输、仓储等，需要完善的管理体系来保障货运的安全。管理因素在铁路货运安全中扮演着至关重要的角色。

第一，安全管理是铁路货运安全的核心。铁路货运安全管理涉及对货物、车辆、人员和环境等多个方面的管理。为了确保货物的安全，须对货物的装载、加固、防潮、防震等方面进行严格的管理和控制。同时，还须对车辆进行定期的维护和检查，确保车辆的性能和安全。此外，人员的管理也是至关重要的，须对员工进行严格的培训和考核，提高他们的安全意识和操作技能。

第二，设备管理也是影响铁路货运安全的重要因素之一。铁路货运设备包括车辆、机车、线路、信号等，这些设备的正常运行是铁路货运安全的重要保障。因此，须对这些设备进行科学合理的管理和维护。例如，须对线路进行定期的巡查和维护，确保线路的畅通无阻；须对机车和车辆进行定期的检修和保养，确保它们的性能和安全。

第三，人员管理也是影响铁路货运安全的重要因素之一。铁路货运人员包括司机、装卸工、调度员等，他们的操作技能和安全意识直接影响到铁路货运的安全。因此，须对员工进行严格的培训和考核，提高他们的操作技能和安全意识。同时，还须建立完善的管理制度和管理措施，如制定操作规程、建立安全责任制等，确保员工能够按照规定进行操作和管理。

为了提高铁路货运的安全性，须加强管理体系的建设和完善，提高管理效率和管理水平。同时，还须加强对设备和人员的管理和维护，确保设备和人员的正常运转。只有这样，才能真正提高铁路货运的安全性，保障人民的生命财产安全。

（二）提高铁路货运安全性的措施

1. 加强设备维护

铁路货运安全性是铁路运输中的重要问题，它直接关系到货物和人员的安全。为了提高铁路货运的安全性，需要采取一系列措施。

加强设备维护是提高铁路货运安全性的关键。设备是铁路运输的基础，设备的状态直接影响到运输的安全。因此，建立完善的设备维护制度是必要的。这个制度应该包括定期检查、维修和更新设备，确保设备处于良好的工作状态。此外，应该对设备进行实时监测，及时发现并解决潜在的问题，防止设备故障对运输造成影响。

2. 提高人员素质

（1）人员是铁路运输的核心，人员的素质和能力直接影响到运输的安全。应定期对人员进行培训，提高他们的技能和安全意识。培训内容应该包括设备操作、应急处理、安全规章制度等方面，确保人员在工作中能够正确、安全地操作设备，及时处理突发情况。

（2）加强人员培训是提高铁路货运安全性的关键措施之一。在铁路运输中，人员是核心要素，他们的素质和能力直接关系运输的安全与否。为确保铁路货运的安全，必须重视人员的培训工作，不断提高他们的技能水平和安全意识。

首先，通过定期培训，可以使人员不断更新知识和技能，掌握最新的技术和操作方法，提高工作效率，增强人员的安全意识，让他们更加深入地认识到安全的重要性，从而在工作中更加注重安全问题。

其次，培训内容应该全面、实用。除了基本的设备操作技能外，培训还应该包括应急处理、安全规章制度等方面的内容。通过这些培训，可以使人员更加熟悉各种突发情况的处理方式，掌握正确的操作流程和应对策略。此外，培训还应该注重实践操作，通过模拟实际工作场景，让人员在实际操作中掌握技能和知识。

最后，为了确保培训效果，还须建立完善的考核机制。通过定期考核，可以检验人员的学习成果和实际操作能力，及时发现存在的问题和不足之处，从而有针对性地进行改进和提高。同时，考核结果还可以作为人员晋升、奖励等方面的参考依据，激励人员更加积极地参与培训和学习。

通过定期的培训、全面的内容、实践操作和完善的考核机制，可以不断提高人员的素质和能力，为铁路货运的安全性提供有力保障。同时，还须加强设备维护和管理等方面的工作，共同保障铁路运输的安全和顺畅。

3. 强化铁路货运安全管理

建立完善的安全管理制度，加强安全监管，及时发现和消除安全隐患。铁路货运作为我国物流体系的重要组成部分，其安全问题一直备受关注。为了保障铁路货运的安全，必须采取一系列有效的措施，其中最为关键的是强化安全管理。

首先，建立完善的安全管理制度是强化铁路货运安全管理的基石。安全管理制度应该涵盖铁路货运的各个环节，包括货物装载、运输、交付等。同时，安全管理制度应明确各级管理人员和操作人员的职责，确保各项工作有章可循、有据可查。此外，安全管理制度还应具备足够的灵活性，以便应对可能出现的各种复杂情况。

其次，加强安全监管是强化铁路货运安全管理的关键环节。安全监管应贯穿铁路货运的全过程，从货物的装载到交付的每一个环节都要进行严格的检查和监督。对于发现的违规行为和安全隐患，应及时采取措施予以纠正和消除。同时，应定期对铁路货运设备进行检查和维护，确保设备处于良好的工作状态。

最后，及时发现和消除安全隐患是强化铁路货运安全管理的重中之重。铁路货运涉及的环节多、流程复杂，任何一个环节的疏忽都可能引发安全事故。因此，应通过加强日常巡查、定期检查和专项整治等方式，及时发现和消除各类安全隐患。同时，应积极引入先进的安全管理理念和技术手段，提高铁路货运安全管理的科技含量和水平。

综上所述，强化铁路货运安全管理须从制度建设、监管力度和隐患排查等多个方面入手，形成全方位、多层次的安全管理体系。只有这样，才能确保铁路货运的安全、高效、可靠，为我国物流事业的健康发展提供有力保障。

4. 应用先进技术

随着科技的飞速发展，现代铁路货运已经拥有了更多的可能性。为了提高铁路货运的安全性和效率，可以运用一些现代科技手段，如智能监控和大数据分析。智能监控技术的应用对于铁路货运的安全性至关重要。通过安装高清摄像头和传感器，可以实时监测货车的运行状态和货物的情况，及时发现异常并采取相应的措施。例如，当摄像头检测到货车出现故障或货物倾斜时，系统会自动发出警报，通知相关人员及时处理，从而避免了事故的发生。大数据分析在铁路货运中也有着广泛的应用。通过对大量数据的收集和分析，可以深入了解货物的运输规律和市场需求，优化运输路线和调度方案，提高运输效率。同时，大数据分析还可以帮助铁路部门预测未来的市场趋势，提前做好货源组织和物流规划，从而更好地满足客户需求。除了智能监控和大数据分析，还有一些其他现代科技手段可以提高铁路货运的安全性和效率。例如，利用物联网技术实现货物的实时追踪和定位，利用云计算技术提高数据处理能力和存储的效率等。这些技术的应用将为铁路货运的发展带来更多的机遇和挑战。

铁路货运安全是铁路运输业的重要任务，也是全社会关注的焦点。通过深入分析铁路货运安全事故的原因，并采取相应的措施，可以有效提高铁路货运的安全性。未来，还需要不断地加强安全管理，应用先进技术，提高人员素质，为铁路货运的安全发展作出更大的贡献。

四、事故调查分析会

铁路货运事故调查分析会是为了查明事故原因、制定预防措施、改进铁路运输管理而进行的重要工作。以下是铁路货运事故调查分析会的常见内容。

（一）事故概述

会议会对事故进行概述，介绍事故发生的时间、地点、事故现场情况等基本信息。这些信息有助于参会人员对事故有一个初步的了解，为后续的深入分析打下基础。

（二）事故原因分析

在会议上，首先对事故原因进行深入分析。为了全面了解事故情况，对事故现场进行勘察，仔细检查相关人员和技术设备。通过综合各方面的信息，深入剖析了事故发生的根本原因，为制定有效的预防措施提供了重要依据。在事故现场的勘查过程中，发现一些关键证据，这些证据对于确定事故原因会有至关重要的作用。同时，对相关人员进行详细的询问，了解他们在事故发生时的操作情况以及设备状态。此外，还对技术设备进行全面的检查，以确定是否存在机械故障或技术问题。通过综合分析这些信息，得出事故发生的根本原因。例如，可能是操作人员的失误、设备老化或维护不当等原因导致事故的发生。针对这些原因，制定一系列有效的预防措施，以避免类似事故再次发生。

对事故原因进行深入分析是预防类似事故发生的关键。只有找出事故发生的根本原因，才能制定出切实可行的预防措施，确保生产安全和人员安全。在未来的工作中，将继续加强对事故原因的分析和预防措施的制定，为企业的安全生产保驾护航。

（三）预防措施制定

在查明事故原因后，会议将针对这些问题制定相应的预防措施。这些措施可能涉及技术设备的升级改造、操作规程的调整以及安全管理制度的完善等。通过实施这些措施，降低类似事故再次发生的可能性。

首先，把技术设备的升级改造提上议程。采用更先进、更可靠的技术来提高设备的稳定性和安全性。

其次，有必要对现有的操作规程进行重新评估和修订，确保每一步操作都符合安全标准。同时，加强员工培训，提高他们的安全意识和操作技能。

最后，完善安全管理制度。应建立健全的安全管理体系，明确各级责任，确保各项安全措施得到有效执行。同时，加大监督和检查力度，对违反安全规定的行为进行严肃处理，以起到警示作用。

（四）改进铁路运输管理

除了针对具体事故原因制定预防措施外，加强安全管理文化建设、完善安全监管体系以及提高应急处置能力等措施是必不可少的。

首先，加强安全管理文化建设是提升铁路运输安全的重要保障。铁路运输企业应当注重培养员工的安全意识，通过开展安全教育、加强安全培训等途径，使员工深刻认识安全的重要性，并自觉遵守各项安全规定。同时，企业还应该建立健全的安全管理制度，明确各级管理人员和员工的安全职责，形成全员参与、齐抓共管的安全管理格局。

其次，完善安全监管体系也是提高铁路运输安全的重要手段。铁路运输管理部门应当加强对铁路运输企业的监督检查，及时发现和纠正存在的安全隐患。同时，管理部门还应该建立健全的预警机制，对可能发生的事故进行预警预测，及时采取有效措施加以防范。此外，管理部门还应该加强与相关部门的沟通协调，形成监管合力，共同保障铁路运输安全。

最后，提高应急处置能力是应对突发事件的必要措施。铁路运输企业应当建立健全的应急预案体系，完善应急处置流程，提高应急处置效率。同时，企业还应该加强应急队伍建设，提高应急人员的专业素质和处置能力。此外，企业还应该加强与公安、消防等部门的合作，形成快速有效的应急联动机制，确保在突发事件发生时能够迅速响应、妥善处置。

加强安全管理文化建设、完善安全监管体系以及提高应急处置能力等措施是改进铁路运输管理、提高铁路运输安全性和可靠性的重要途径。铁路运输管理部门和企业应当高度重视这些措施的落实和执行，切实保障人民群众的生命财产安全。

（五）经验教训总结

在铁路货运事故调查分析会上，与会人员须全面回顾整个事故调查经过，深入剖析事故原因，总结经验教训。这一过程不仅有助于参会人员深化对事故原因和预防措施的理解，提高自身的安全意识和应对能力，还可以为今后的铁路货运事故调查分析工作提供有益的参考和借鉴。

首先，须详细梳理事故调查的整个过程，从发现事故到调查分析，到得出结论。这一环节有助于参会人员全面了解事故调查的流程和方法，为今后处理类似事故提供宝贵的经验。

其次，须重点分析事故原因，从设备故障、人为失误、自然灾害等多个方面进行深入探讨。通过分析这些原因，可以更加清晰地认识到事故发生的内在机理，从而为预防类似事故的发生提供有力支持。

再次，总结提炼出经验教训，提出有针对性的预防措施和改进建议。这些措施和建议不仅有助于提高铁路货运的安全水平，还可以为相关行业的安全管理工作提供有益的借鉴。

最后，通过分享本次事故的调查分析经验，可以在今后的工作中更加高效地处理类似问题，提高铁路货运的安全性和可靠性。

铁路货运事故调查分析会旨在全面了解事故情况，找出问题根源，制定有效的预防措施，并推动铁路运输管理的持续改进。这对于保障铁路货运的安全和稳定具有重要意义。

第二节　安全评价

一、铁路货运安全评价方法介绍

（一）安全评价方法的定义和作用

安全评价方法是指通过一系列定性和定量的评估手段，对铁路货运系统的安全性进行全面分析和评估的方法。这些方法旨在识别和评估铁路货运系统中的潜在风险，并提供相应的改进措施和建议，以确保铁路货运的安全和可靠性。安全评价方法在铁路货运领域中发挥着至关重要的作用，它不仅有助于提高铁路货运的安全水平，还可以降低事故发生的概率，减少不必要的损失和伤害。铁路货运系统的安全评价是确保铁路运输安全的重要手段。通过对铁路货运系统的安全评价，可以发现潜在的设备故障、人为错误和管理漏洞等问题，并采取相应的措施进行整改和优化。

首先，设备故障是铁路货运系统安全评价中要重点关注的问题之一。铁路货运系统涉及大量的设备设施，如机车、车辆、线路、信号等。这些设备设施的可靠性直接关系到铁路运输的安全。通过对设备设施进行安全评价，可以发现潜在的故障和缺陷，并及时进行维修和更换，确保设备设施的正常运行。

其次，人为错误也是铁路货运系统安全评价中须关注的问题之一。铁路货运系统需要大量的人工操作和管理，如调度、驾驶、装卸等。由于人为因素的不确定性，很容易出现操作失误和管理不当等问题。通过对相关人员进行安全教育和培训，提高他们的安全意识和操作技能，可以减少人为错误的发生，提高铁路运输的安全性。

最后，管理漏洞也是铁路货运系统安全评价中需要关注的问题之一。铁路货运系统的管理涉及多个环节和部门，如调度、车务、机务等。如果管理不善或存在漏洞，很容易出现安全事故。通过对铁路货运系统的管理进行安全评价，可以发现潜在的管理漏洞和不足之处，并提出相应的改进措施，提高铁路运输的安全性。

在铁路货运系统的设计阶段，安全评价方法可以帮助评估各种设计方案的安全性，预测潜在的风险和问题，并提供改进建议。通过这种方法，设计人员可以更加全面地考虑安全因素，优化设计方案，提高系统的安全性能。

在建设阶段，安全评价方法可以对施工过程进行全面的安全评估，确保施工安全和质量。通过分析施工过程中的危险源和风险因素，可以及时发现并解决潜在的安全问题，避免事故的发生。

在运营阶段，安全评价方法可以定期对铁路货运系统进行检查和评估，确保系统的安全运行。通过评估系统的安全性、可靠性和稳定性，可以及时发现并解决潜在的安全问题，提高系统的安全性能，降低事故发生的概率。

安全评价方法在铁路货运系统的设计、建设和运营等各个阶段都发挥着重要的作用。通过科学、全面的安全评估和改进建议，可以确保铁路货运系统的安全性能，提高运输效率，降低事故发生的概率，为相关决策提供科学依据和参考。

（二）铁路货运安全评价方法的分类

铁路货运安全评价方法的分类是铁路货运安全评价中的重要环节，它根据评价目的、评价范围和评价性质等因素进行分类。根据评价目的，铁路货运安全评价方法可以分为事故导向型、隐患排查型、危险源辨识型和系统安全型。事故导向型评价方法以事故为出发点，分析事故原因和规律，评估事故发生的可能性和后果严重程度。隐患排查型评价方法则以隐患为重点，通过排查铁路货运系统中的隐患，及时发现和消除潜在的安全风险。危险源辨识型评价方法旨在辨识铁路货运系统中的危险源，评估其危险程度，并采取措施进行控制。系统安全型评价方法则从系统整体出发，分析系统中各要素之间的相互作用和影响，评估系统的安全性能和可靠性。根据评价范围，铁路货运安全评价方法可以分为局部评价和整体评价。局部评价针对铁路货运系统中的某个具体环节或设备进行安全评估，而整体评价则对整个铁路货运系统进行全面的安全评估。根据评价性质，铁路货运安全评价方法可以分为定性评价和定量评价。定性评价主要基于经验、知识和专家判断，对系统的安全性进行主观评估；定量评价则通过建立数学模型或指标体系，对系统的安全性进行客观的量化评估。

（三）常用的铁路货运安全评价方法

铁路货运安全评价方法在保障铁路货运安全中发挥着至关重要的作用。常用的铁路货运安全评价方法包括安全检查表法、预先危险性分析、危险与可操作性分析、故障树分析法、事件树分析法等。这些评价方法在保障铁路货运安全中起着至关重要的作用。通过运用这些评价方法，可以全面评估铁路货运系统的安全性，及时发现潜在的危险因素，并采取有效的措施进行预防和应对。

1. 安全检查表法和预先危险性分析

在铁路货运系统的安全性保障中，有两种重要的评价方法：安全检查表法和预先危险性分析。这两种方法各具特色，共同为铁路货运系统的安全运行保驾护航。

安全检查表法是一种系统、细致的评价方法。它通过对铁路货运系统的各个环节进行逐一检查，确保每一个环节都符合安全标准。这种方法就像是对铁路货运系统进行了一次全面的体检，不放过任何一个可能存在的安全隐患。通过对照既定的安全标准进行评估，安全检查表法能够有效地发现并纠正那些可能被忽视的安全问题。而预先危险性分析则更侧重于预防。它是在设计阶段就对铁路货运系统进行全面的危险性分析，目的是在源头识别并控制可能存在的危险因素。这种分析方法要求对系统的各个环节进行深入剖析，识别出可能引发事故的危险因素，并在此基础上提出相应的预防措施。通过这种方式，预先危险性分析能够有效地减少或避免事故的发生。这两种方法各有侧重，但都是为了实现同一个目标：确保铁路货运系统的安全运行。安全检查表法通过事后的检查和评估，及时发现并解决存在的安全隐患；而预先危险性分析则通过事前的预防措施，从根本上降低事故发生的可能性。

在实际应用中，这两种方法并不是孤立的，而是相辅相成的。通过结合使用这两种方法，可以对铁路货运系统进行全面、细致的安全保障，确保其安全、稳定地运行。

2. 危险与可操作性分析和故障树分析法

为了确保系统的正常运行，需要对潜在的危险和故障进行深入分析。危险与可操作性分析（HAZOP）和故障树分析法（FTA）是两种广泛使用的系统安全分析方法，它们通过不同的方式识别和解决潜在的安全问题。

危险与可操作性分析是一种系统的方法，用于评估系统操作过程中可能出现的危险情况。它通过详细分析系统的操作流程，寻找可能导致危险的操作行为，并为这些行为提供改进措施。HAZOP 着眼于系统的设计、操作程序和潜在的工艺偏差，旨在识别和消除潜在的危险，提高系统的安全性。

故障树分析法则是一种自上而下的分析方法，它对系统可能发生的故障进行深入分析，找出故障的原因和影响因素。FTA 通过建立一个故障树的逻辑结构，将系统故障与导致这些故障的各种因素联系起来。这种方法有助于确定系统的薄弱环节，并为改进设计和操作程序提供指导。

这两种方法在系统安全分析中起着至关重要的作用。HAZOP 侧重于操作流程中的危险识别和预防，而 FTA 则专注于故障的根本原因和影响。通过结合使用这两种方法，相关人员可以更全面地了解系统的安全状况，并采取有效的措施来提高系统的可靠性和安全性。

为了确保系统的安全运行，需要不断进行危险与可操作性分析和故障树分析。随着技术的不断发展和系统的复杂性增加，要不断更新和改进分析方法，以应对新的安全挑战。通过持续的安全评估和改进，可以确保系统在面临潜在危险和故障时能够保持稳定和可靠的性能。

3.事件树分析法

事件树分析法是一种在发生突发事件后，对事件的发展过程进行全面分析的方法。它通过对事件的发展过程进行详细的梳理和分析，找出事件的原因和影响因素，并提出相应的应对措施，以最大限度地减少事件的影响和损失。事件树分析法首先需要对事件的发生和发展过程进行详细的记录和分析。这包括对事件的起因、经过、结果以及相关的影响因素进行深入的探究和了解。通过对事件的全面分析，可以更好地理解事件的发展过程和内在逻辑，为后续的应对措施提供有力的支持。在分析事件的过程中，需要特别关注事件的原因和影响因素。这些因素可能是人为的、自然的、技术的或是管理的等方面的原因，但无论何种原因，都须对其进行深入的剖析和研究。通过对原因和影响因素的深入了解，可以更好地预测事件的未来发展趋势，并为应对措施的制定提供更加准确的依据。针对事件的应对措施是事件树分析法的核心内容。在提出应对措施时，需要考虑多种因素，包括事件的性质、影响范围、时间紧迫性以及资源限制等。提出的应对措施需要具有针对性、可行性和有效性，能够最大限度地减少事件的影响和损失。同时，还需要对措施的实施效果进行持续的监测和评估，以确保应对措施的有效性和正确性。事件树分析法的应用范围非常广泛，可以应用于各种领域和行业。例如，在安全生产领域中，事件树分析法可以用于分析生产事故的原因和影响因素，并提出相应的预防和应对措施；在公共安全领域中，事件树分析法可以用于分析恐怖袭击、自然灾害等突发事件的原因和影响因素，并提出相应的应急预案和应对措施。

事件树分析法是一种非常有效的工具，可以帮助相关人员在发生突发事件后全面地了解事件的发展过程，找出事件的原因和影响因素，提出有效的应对措施，以最大限度地减少事件的影响和损失。通过深入应用事件树分析法，相关人员可以更好地保障人民群众的生命财产安全和社会稳定。

通过运用这些评价方法，铁路货运安全可以得到有效保障。同时，这些评价方法也可以不断改进和完善，以适应铁路货运系统的不断发展和变化。在实际应用中，可以根据具体情况选择多种方法进行综合评价，以提高评价的准确性和全面性。

二、适用范围

（一）铁路货运安全评价方法的适用场景

铁路货运安全评价方法的适用场景非常广泛，不仅适用于铁路货运，还可以应用于其他交通领域。在铁路货运方面，安全评价方法可以应用于铁路货运设施、设备、运输过程和安全管理等方面。例如，可以对铁路货运车站、货场、装卸设备等进行安全评价，评估其安全性能和可靠性，及时发现和解决潜在的安全隐患。此外，安全评价方法还可以应用于铁路货运事故的调查和分析，通过事故原因的追溯和分析，找出事故的根本原因，提出相应的改进措施和预防措施，提高铁路货运的安全水平。在交通领域的其他方面，如公路、航空和水路等，也可以借鉴和应用安全评价方法，提高整个交通行业的安全水平。

（二）适用范围的影响因素

铁路货运安全评价方法的适用范围受到多种因素的影响。①不同的运输场景对安全评价方法的需求不同。例如，在长途货运中，须考虑货物的稳定性、装载方式和道路状况等因素；而在城市货运中，则须关注货物的重量、体积和运输时间等因素。因此，在选择安全评价方法时，须根据运输场景的特点进行选择和应用。②货物类型也是影响适用范围的重要因素。例如，对于危险品运输，需要采用更为严格的安全评价方法，以确保运输过程的安全可控。③运输路线的地形、气候和交通流量等外部因素也会对适用范围产生影响。例如，在山区或高原地区，须特别关注货物的稳定性和装载方式；而在雨季或雪季，则需要加强路况监测和运输安全保障措施。为了更好地确定适用范围，可以采用分析模型对各种因素进行综合评估。例如，可以采用层次分析法或模糊综合评价法等分析方法，对各种因素进行权重分析和综合评价，以确定最合适的铁路货运安全评价方法。

（三）适用范围的限制和注意事项

适用范围的限制和注意事项是铁路货运安全评价方法中非常重要的一环。在选择和应用安全评价方法时，必须充分考虑其适用范围，以确保评价结果的准确性和可靠性。①不同的安全评价方法适用于不同的场景和范围。例如，某些方法适用于评价单一货物的安全性，而其他方法则适用于评价整个铁路货运系统的安全性。因此，在选择安全评价方法时，必须根据具体的评价需求和场景选择合适的方法。②适用范围的影响因素也是需要考虑的重要因素。例如，货物的种类、运输方式和运输路线等都会影响安全评价方法的适用范围。在评价过程中，必须对这些因素进行充分考虑和调整，以确保评价结果的准确性和可靠性。③安全评价方法的应用也需要遵循一定的步骤和程序。例如，在应用安全评价方法时，需要收集相关数据和信息，进行风险识别和分析，制定相应的安全措施和管理策略等。这些步骤和程序的执行必须严格遵守相关规定和标准，以确保评价结果的准确性和可靠性。④安全评价方法的优势和不足也需要进行充分的分析和评估。虽然安全评价方法具有一定的优势和作用，但也存在一些不足和局限性。在选择和应用安全评价方法时，必须充分考虑其优势和不足，并根据实际情况进行合理的选择和应用。

三、安全评价方法的选择和应用

（一）安全评价方法的选择原则

安全评价方法的选择原则在铁路货运安全评价中至关重要。在选择安全评价方法时，应遵循以下几个原则：①要确保所选方法能够全面、客观地反映铁路货运系统的安全状况。这要求评价方法不仅要考虑直接的安全因素，还要考虑间接因素，如运营效率、经济效益等。②选择的方法应具有足够的灵敏度，能够及时发现潜在的安全隐患和风险，为预防措施的制定提供依据。③评价方法还应具有可重复性和可验证性，以确保评价结果的可靠性和准确性。为了实现这些原则，可以采用多种评价方法的组合，以便从不同角度全面评估铁路货运安全。评估铁路货运系统安全性的方法有多种，其中定性评价方法包括危险指数评价法和概率危险评价法。这些方法通过对危险因素的分析和评估，可以较为全面地了解系统的安全状况。而定量评价方法则基于数学模型和仿真模型等工具，通过数据分析和模拟实验等方式，对系统的安全性进行更为精确的评估。

危险指数评价法是一种常用的定性评价方法，它通过对铁路货运系统中各个组成部分的危险程度进行评估，得出整个系统的危险指数。这种方法可以帮助人们了解系统的整体安全状况，但难以给出具体的改进措施。概率危险评价法则更加具体，它通过对系统中的危险因素进行概率分析，预测系统发生事故的可能性。这种方法可以为预防事故提供更为具体的指导。

除了定性评价方法外，定量评价方法也是评估铁路货运系统安全性的重要手段。基于数学模型的评价方法可以通过建立数学模型来描述系统的运行过程，通过数学分析来评估系统的安全性。例如，可以利用概率论和统计学的方法来评估系统发生事故的概率，从而为预防事故提供数据支持。仿真模型则可以通过模拟系统的运行过程，来预测系统在不同条件下的表现。这种方法可以为系统的优化和改进提供更为具体的指导。

综合运用定性评价和定量评价方法，可以更全面、准确地评估铁路货运系统的安全性。定性评价方法可以帮助相关人员了解系统的整体安全状况，而定量评价方法则可以为系统的改进和优化提供更为具体的指导。通过综合运用这些方法，铁路部门可以更好地保障铁路货运系统的安全运行，为铁路货运的发展提供有力支持。

（二）安全评价方法的应用步骤

安全评价方法的应用步骤主要包括以下几个环节：①明确评价对象和评价目标，确定评价范围和评价重点；②选择合适的评价方法，根据评价对象的特性和评价目标的要求，选择适合的评价方法，如安全检查表法、事故树分析法、风险矩阵法等；③收集相关数据和信息，包括历史事故数据、设备设施状况、环境条件等，为评价提供基础数据；④进行定性或定量分析，运用选定的评价方法对收集的数据进行分析，得出安全评价结果；⑤制定改进措施和对策，根据评价结果，制定相应的改进措施和对策，提高安全水平。在应用安全评价方法时，需要注重科学性和客观性，遵循系统性和规范性的原则，确保评价结果的准确性和可靠性。

以铁路货运安全评价为例，①须明确评价对象为铁路货运系统，评价目标是提高货运安全水平。②选择适合的评价方法，如事故树分析法或风险矩阵法。接着收集相关数据和信息，如历史事故数据、设备设施状况、环境条件等。③进行定性或定量分析，运用事故树分析法对铁路货运事故原因进行分析，或运用风险矩阵法对铁路货运风险进行评估。④根据评价结果制定相应的改进措施和对策，如加强设备设施维护、提高员工安全意识等。通过这些步骤的实施，可以有效提高铁路货运安全水平。

在应用安全评价方法时，还需要注意以下几点：①充分了解评价对象的特点和规律，选择适合的评价方法；②注重数据的准确性和可靠性，避免因数据问题导致评价结果失真；③遵循系统性和规范性的原则，确保评价过程的科学性和客观性；④根据实际情况不断调整和优化评价方法，提高其适用性和有效性。

（三）安全评价方法的应用案例

在实际应用中，安全评价方法的应用案例可以提供具体的实践经验和教训，帮助人们更好地理解和应用安全评价方法。例如，某铁路货运公司一直以来都致力于提高货物运输的安全性。为了实现这一目标，公司采用了一种基于风险评估的安全评价方法。这种方法通过对货物运输过程中的各种风险因素进行分析和评估，为运输线路和运输方案提供了一种科学的风险管理方案。①该方法对货物运输过程中的各种风险因素进行了全面的梳理和分析。这些风险因素包括货物本身的特性、运输路线的地理环境、运输设备的状况，以及运输过程中的操作流程等。通过对这些因素进行深入的研究和分析，可以全面了解运输过程中可能存在的风险点。②该方法根据分析结果对不同风险因素进行评估，并确定相应的风险级别。这些风险级别从低到高依次分为若干个等级，每个等级对应不同的安全管理措施。例如，对于高风险线路，公司会加强运输设备的维护和检查，同时增加运输过程中的安全监管人员数量。而对于低风险线路，则可以适当减少相应的安全保障措施，以减少不必要的成本。③该方法还根据风险评估结果制定出相应的运输方案。这些方案不仅考虑了运输路线的安全性能，还充分考虑了运输成本、运输时效等因素。通过这种综合性的评估和优化，该公司能够为客户提供更加安全、高效、经济的铁路货运服务。

该铁路货运公司采用的风险评估安全评价方法是一种科学有效的安全管理手段。通过这种方法，公司不仅能够全面了解货物运输过程中的各种风险因素，还能够根据不同风险级别制定出相应的安全管理措施和运输方案。这种方法的实施不仅提高了货物运输的安全性，还为客户提供了更加优质的服务体验。同时，该方法的应用也有助于提高公司的安全管理水平和竞争力，为公司的可持续发展奠定了坚实的基础。

这种方法的应用，使得该公司在运输过程中有效降低了事故发生的概率，提高了运输的安全性。此外，还有许多其他的安全评价方法应用案例，如基于安全检查表法的案例、基于概率风险评估法的案例等。这些案例都为铁路货运安全评价方法的实际应用提供了宝贵的经验和教训。

四、安全评价方法的优势和不足

（一）安全评价方法的优势分析

安全评价方法在铁路货运中具有显著的优势。①安全评价方法可以对铁路货运系统的安全性进行全面评估，及时发现潜在的安全隐患，降低事故发生的概率。例如，通过运用安全评价方法，某铁路货运公司成功预测了一次重大事故，避免了潜在的经济损失和人员伤亡。②安全评价方法能够提供量化的评估结果，为决策者提供科学依据。通过分析数据和评估结果，决策者可以更加准确地了解铁路货运系统的安全状况，制定针对性的改进措施。③安全评价方法还可以促进铁路货运系统的持续改进。通过定期进行安全评价，企业可以不断优化和完善铁路货运系统，提高运输效率和安全性。例如，某铁路货运公司通过不断改进安全评价方法，成功降低了事故发生率，提高了客户满意度。

（二）安全评价方法的不足分析

安全评价方法在铁路货运中发挥着重要作用，但仍然存在一些不足。①一些安全评价方法缺乏客观性和准确性，如定性评价方法主要依赖于专家经验和判断，主观性强，不同专家之间的评价结果可能存在较大差异。②一些安全评价方法未能全面考虑铁路货运系统的复杂性和动态性，如某些评价方法只关注单一环节或因素，忽略了整体性和关联性，导致评价结果片面或不准确。③现有的安全评价方法还存在实时监测和预警能力不足的问题，难以对铁路货运过程中的异常情况进行及时发现和预警。为了解决这些不足，须进一步研究和改进安全评价方法，提高其客观性、全面性和实时性，从而更好地保障铁路货运的安全。

（三）安全评价方法的改进方向

安全评价方法的改进方向是铁路货运安全发展的重要组成部分。①为了提高安全评价的准确性和可靠性，须不断探索和尝试新的评价方法和技术。例如，可以引入更多的数据分析和人工智能技术，建立更加精细和完善的评价模型，以提高评价的精度和效率。②要加强安全评价的实践和案例研究，不断总结经验教训，完善评价方法。③要加强安全评价的规范化和标准化工作，提高评价的一致性和可靠性。总之，安全评价方法的改进是一个持续不断的过程，需要不断探索和实践，以适应铁路货运安全发展的新要求。

五、未来发展与展望

（一）安全评价方法的发展趋势

随着科技的不断发展，安全评价方法也在不断进步和完善。铁路货运安全评价方法的发展趋势主要体现在以下几个方面。①智能化技术的应用将更加广泛。通过引入大数据、人工智能等技术，可以实现安全评价的自动化和智能化，提高评价的准确性和效率。例如，利用机器学习算法对铁路货运数据进行深度分析，可以更准确地预测和识别安全隐患。②评价体系将更加全面和系统化。传统的安全评价方法往往只关注单一因素或某个环节，而未来的安全评价方法将更加注重整体性和系统性，涵盖铁路货运的各个环节和各个方面。③评价方法将更加科学和客观。通过引入数学模型、仿真技术等手段，可以实现评价方法的定量化、可视化，使评价结果更加客观和可信。④安全评价方法将更加注重实践应用。未来的安全评价方法将更加注重实际操作和效果评估，不断优化和完善评价方法，以满足铁路货运安全保障的实际需求。

（二）安全评价方法在未来的应用前景

随着科技的不断发展，铁路货运安全评价方法在未来的应用前景将更加广阔。随着大数据、人工智能等技术的普及，安全评价方法将更加智能化、自动化，能够更快速、准确地识别和评估铁路货运的安全风险。例如，利用大数据技术对铁路货运的历史数据进行分析，可以更准确地预测未来的安全风险，并提前采取相应的措施进行防范。同时，人工智能技术也可以应用于安全评价方法的自动化执行，减少人为因素的干扰，提高评价的客观性和准确性。此外，物联网、云计算等新兴技术也为铁路货运安全评价方法提供了更多的可能性，如实时监测货物的状态和运输环境，可及时发现和处理安全问题。总之，随着技术的不断创新和应用，铁路货运安全评价方法将更加完善和高效，为铁路货运的安全运输提供更加可靠的保障。

第四章　应急管理

第一节　应急预案制定与实施

一、铁路货运应急预案的背景与意义

（一）当前铁路货运面临的挑战与风险

当前铁路货运面临的挑战与风险多种多样，其中最为突出的是运输能力的不足。随着经济的快速发展，铁路货运的需求也在不断增加，而现有的铁路网已经无法满足这种需求。据统计，我国铁路货运的运能缺口已达数亿吨。此外，铁路货运还面临着运输时效性差、运输成本较高、运输管理不够灵活等问题。这些挑战与风险不仅影响了铁路货运的效率和效益，也制约了我国物流业的发展。

（二）应急预案制定的重要性和必要性

铁路货运应急预案的制定是应对突发事件的关键环节，其重要性不容忽视。应急预案的制定能够为铁路货运在遭遇突发事件时提供明确的指导，有效降低突发事件对铁路货运的影响。据统计，近年来我国铁路货运突发事件呈上升趋势，每年因突发事件导致的铁路货运延误、中断等事件多达数十起，造成了巨大的经济损失和不良的社会影响。而通过制定和实施应急预案，可以显著降低突发事件对铁路货运的影响，减少经济损失，保障铁路货运的稳定运行。例如，某铁路局制定了详细的应急预案，对应急处置流程进行了明确规定。在遭遇突发事件时，该铁路局的应急处置工作迅速展开，有效减少

了突发事件对铁路货运的影响，保障了货物的及时送达。

二、铁路货运应急预案的制定

（一）应急预案的目标与原则

应急预案的目标与原则是铁路货运应急预案的核心，它们决定了应急预案的制定和实施方向。应急预案的目标应该是快速、有效地应对突发事件，减少损失，保障人员和财产安全。为实现这一目标，应急预案应遵循以下几个原则：①预防为主，即通过加强预防措施，降低突发事件发生的可能性；②快速响应，即一旦发生突发事件，能够迅速启动应急预案，调动各方资源进行处置；③科学救援，即依靠科学方法和专业人员进行救援，提高救援效果；④信息共享，即及时、准确地传递信息，为决策提供有力支持。

（二）应急预案的流程与内容

在铁路货运应急预案的流程与内容中，明确应急组织体系是至关重要的。这包括确定应急指挥机构、应急协调机构和应急处置机构等，并明确各机构的职责和工作程序。同时，还需要建立应急联络机制，确保各部门之间的信息畅通和协同工作。

应急资源调配也是预案中的重要环节。这包括确定应急物资的种类、数量和分布情况，以及应急设备的配置和使用情况。在紧急情况下，需要迅速调配资源，确保应急处置工作的顺利进行。针对不同类型的事故，须制定相应的应急处置措施。这须根据事故的性质和严重程度，制定相应的应急预案，明确处置流程、处置方法和处置要求。同时，还须制定相应的安全措施和环境保护措施，确保处置工作的安全和环保。风险评估是制定应急预案的重要依据。通过对铁路货运系统的风险进行评估和分析，可以确定可能发生的事故类型和概率，从而制定相应的应急预案。同时，还要定期对预案进行评估和更新，以确保预案的时效性和准确性。应急预案的演练和培训也是必不可少的环节。通过定期组织演练和培训，可以提高铁路货运系统应对突发事件的能力和水平，确保在紧急情况下能够迅速、有效地应对。

铁路货运应急预案的流程与内容是整个预案的核心部分，须充分考虑铁路货运的特点和实际情况，运用科学的方法和模型进行风险评估和预案编制。只有制定出科学、合理、实用的应急预案，才能确保铁路货运系统在突发事件发生时能够快速、有效地应对。

（三）应急预案的制定方法与步骤

铁路货运应急预案的制定旨在确保在铁路货运过程中发生紧急情况时，能够迅速、有效地应对，以减少损失、保障安全。

1. 明确预案的目标与原则

在制定应急预案的过程中，首先需要明确预案的目标与原则。这些原则应包括快速响应、减少损失、保障安全等，以确保在紧急情况发生时能够迅速启动预案，有效应对。

2. 采用多种评估和分析方法

为了制定出科学、合理的应急预案，可以采用多种方法进行评估和分析。风险评估是一个重要的环节，它通过对铁路货运过程中可能出现的风险进行识别、评估，为制定应急措施提供依据。同时，历史数据分析为制定预案提供参考，通过对历史数据的分析，可以发现铁路货运事故的规律和特点，从而制定出更有针对性的应急措施。

3. 借鉴优秀案例的经验和教训

除了风险评估和历史数据分析外，专家咨询也是制定应急预案的重要环节。专家们具有丰富的专业知识和实践经验，他们的意见和建议可以为预案的制定提供宝贵的参考。例如，根据历史数据，可以分析出常见的铁路货运事故类型和原因，从而制定相应的应急措施。这些措施可能包括紧急救援、物资调配、信息通报等，以确保在紧急情况发生时迅速启动预案，有效应对。此外，借鉴国内外优秀案例的经验和教训也是完善应急预案的重要途径。通过了解国内外铁路货运应急管理的成功案例和经验教训，可以不断完善自己的应急预案，提高预案的科学性和实用性。

4.充分考虑资源的配置和调度

在制定应急预案的过程中，需要充分考虑资源的配置和调度。包括人力、物力、财力等资源的配置和调度，以确保在紧急情况发生时迅速、有效地调配资源，保障应急工作的顺利进行。

5.建立实施效果评估与改进机制

建立应急预案的实施效果评估与改进机制，定期对预案的实施效果进行评估和改进，以确保预案的有效性和可持续性。

铁路货运应急预案的制定是一项系统性的工程，需要综合考虑多种因素和方法。通过明确预案目标与原则、采用多种评估和分析方法、借鉴优秀案例的经验和教训、充分考虑资的源配置和调度以及建立实施效果评估与改进机制等措施，可以制定出科学、合理、有效的铁路货运应急预案，为保障铁路货运的安全和稳定提供有力支持。

三、铁路货运应急预案的实施

（一）应急预案的实施主体与责任

应急预案的实施主体通常包括铁路管理部门、货运企业、应急救援队伍等，这些主体在应急预案实施中承担着不同的责任。①铁路管理部门负责制定应急预案的总体规划、组织协调和监督检查，确保应急预案的有效实施；②货运企业负责制定详细的应急预案操作流程，对应急设备和人员进行日常维护和培训，提高应急响应能力；③应急救援队伍则是应急预案实施的重要力量，负责在紧急情况下进行现场处置和救援工作。此外，还须建立完善的责任追究机制，对应急预案实施过程中出现的失职行为进行追责，确保应急预案的实施效果。

为了更好地落实应急预案的实施主体与责任，可以采取一系列措施。①要明确各主体的职责和分工，建立完善的组织体系和工作机制，确保各主体之间的协调配合。②要加强应急预案的宣传培训，提高相关人员的应急意识和处置能力。③要加强应急预案的演练和评估，对应急预案进行不断完善和优化。④要加大对应急设备和技术的投入，提高应急救援的科技含量和效率。

以某铁路货运公司为例，该公司建立了完善的应急预案体系，明确了各主体的职责和工作流程。同时，该公司还加强了对应急人员的培训和演练，提高了应急响应速度和处理能力。在某次突发事故中，该公司迅速启动应急预案，各主体迅速响应，有效控制了事故的扩大，减少了人员伤亡和财产损失。这一案例表明，明确实施主体与责任是铁路货运应急预案实施的重要保障。

（二）应急预案的实施流程与要求

应急预案的实施是铁路货运应急管理的核心环节，其流程与要求对于保障铁路货运的稳定运行至关重要。在面对突发事件或紧急状况时，一个高效、有序的应急预案至关重要。为了确保应急预案的有效实施，相关人员需要明确实施主体与责任，建立健全的应急组织体系，并严格按照应急预案的流程与要求进行操作。

1. 明确实施主体与责任是应急预案实施的基础

在应急预案中，应明确各个部门、岗位的职责与权限，确保在紧急情况下能够迅速响应。同时，要为每个岗位配备具有专业知识和技能的应急人员，以便在需要时迅速、准确地采取应对措施。为了确保应急预案的实施效果，还须对应急人员进行定期的培训和演练，提高他们的应急处置能力。

2. 建立健全的应急组织体系是应急预案实施的关键

应急组织体系应包括指挥机构、协调机构、执行机构等，各机构之间应保持紧密的沟通与协作，共同应对紧急状况。此外，应建立完善的应急通信系统，确保在紧急情况下及时传递信息，协调各方面的资源。

在应急预案实施过程中，严格按照应急预案的流程与要求进行操作是至关重要的。应急预案通常包括预警、处置、恢复等环节，每个环节都有明确的操作流程和要求。①在预警环节，应通过各种手段及时获取突发事件的信息，并迅速进行研判和预警。②在处置环节，应根据事件的性质和规模，采取相应的应对措施，控制事态的发展。③在恢复环节，应及时开展灾后重建和恢复工作，尽快恢复正常的生活和工作秩序。

为了确保应急预案的有效实施，还须建立完善的监督与评估机制。监督机构应对预案的实施过程进行全程监督，及时发现和纠正存在的问题。同时，应定期对应急预案进行评估和修订，以适应突发事件的变化和发展的需要。

在应急预案实施过程中，须明确实施主体与责任，建立健全的应急组织体系，并严格按照应急预案的流程与要求进行操作。只有这样，才能确保在面对突发事件时能够迅速、有效地应对，保障人民群众的生命财产安全和社会稳定。例如，在处置环节中，可以通过风险评估和决策分析等模型，对事故进行科学评估，制定出合理的处置方案。风险评估模型可以帮助相关人员识别事故的风险等级，了解事故可能造成的损失和影响，从而为后续的处置工作提供依据。决策分析模型则可以帮助相关人员根据事故的具体情况，制定出最优的处置方案，以最大限度地减少事故损失和影响。在制定处置方案的过程中，需要充分考虑事故的特点和实际情况，结合风险评估和决策分析的结果，制定出切实可行的处置方案。同时，还须注重对应急预案的持续改进与完善，不断优化应急流程和措施，提高应急响应的效率和效果。

为了实现这一目标，须加强对应急预案的日常管理和维护，及时发现和解决预案中存在的问题和不足。此外，还要加强对应急预案的培训和演练，提高应急人员的专业素质和应对能力。

（三）应急预案的实施效果评估与改进

应急预案的实施效果评估与改进是铁路货运应急预案制定与实施研究的重要组成部分。为了确保应急预案的有效性，必须定期对应急预案的实施效果进行评估，并根据评估结果进行改进和完善。

评估应急预案的实施效果需要综合考虑多个方面，包括预案的实用性、可操作性、协调性、科学性和经济性等。评估可以采用定性和定量相结合的方法，如专家评估法、层次分析法、模糊综合评价法等。通过对应急预案实施效果的评估，可以发现预案中存在的问题和不足，为改进和完善预案提供依据。

改进应急预案需要从多个方面入手，包括预案的内容、流程、组织协调等方面。例如，根据评估结果调整预案的目标和原则，优化预案的流程和内容，加强预案的组织协调和资源整合等。改进后的预案应再次进行评估和验证，确保改进效果符合预期。

在铁路货运应急预案的制定与实施过程中，应注重实践经验的积累和总结。成功的案例可以提供宝贵的经验，为后续预案制定和实施提供借鉴；失败的案例则可以提供教训，避免类似问题的再次发生。同时，应关注国内外优秀案例的借鉴与启示，不断学习和引进先进的应急管理理念和方法，提高铁路货运应急预案的制定和实施水平。

第二节　培训与演练

一、铁路货运安全培训的重要性

（一）确保货物运输安全的意义

确保货物运输安全对于铁路货运具有深远的意义。

1. 安全运输能够减少事故和损失，从而维护企业的声誉和赢得客户的信任

安全运输不仅能够减少事故和损失，还可以维护企业的声誉和赢得客户的信任。据统计，每年因货物运输事故给铁路货运企业带来的损失高达数亿元，这不仅给企业带来了巨大的经济损失，还严重影响了企业的声誉和客户的信任。因此，安全运输成了企业必须重视的问题。安全运输的重要性在于它能够显著降低事故和损失的发生率。在货物运输过程中，由于各种原因，如天气、人为因素、设备故障等，都可能导致事故的发生。通过加强安全运输管理，提高运输人员的安全意识和技能，可以有效地减少事故的发生率，从而降低企业的经济损失和声誉风险。

通过加强安全运输管理，企业可以有效地减少事故和损失的发生率，从而维护企业的声誉和赢得客户的信任。同时，安全运输也是企业社会责任的体现，它有助于提高企业的社会形象和市场竞争力。企业应该高度重视安全运输问题，采取切实有效的措施，确保安全运输的实现。

2. 安全运输有助于提高运输效率

安全运输在物流领域中扮演着至关重要的角色，它不仅关乎货物的安全，更直接影响着运输效率。一旦货物在运输途中发生事故，会导致长时间的延误和额外的处理费用，这无疑给物流公司和货主带来了巨大的经济损失。确保货物运输安全是提高运输效率的关键所在。

（1）安全运输可以减少事故发生率

在铁路货运中，事故的发生往往是由于设备故障、人为失误或自然灾害等原因造成的。通过加强设备维护、提高员工素质和加强安全管理等措施，可以有效地降低事故发生率，从而保证货物的安全运输。

（2）安全运输可以减少延误时间

一旦发生事故，货物运输往往会受到延误，这不仅会影响到货物的及时送达，还会增加额外的处理费用。例如，当货物在途中受损时，须进行理赔、修复或更换等处理措施，这些都会增加物流成本。因此，通过确保货物运输安全，铁路货运企业可以减少这些不必要的延误和费用，提高整体运输效率。

（3）安全运输还可以提高客户满意度

对于货主而言，货物的安全和运输效率是至关重要的。如果货物在运输途中发生事故，不仅会导致经济损失，还会影响到企业的声誉和客户信任度。因此，铁路货运企业通过加强安全管理、提高服务质量等方式来确保货物运输安全，可以赢得客户的信任和支持，进一步拓展市场份额。

3. 安全运输关乎企业的声誉和形象，是企业提升市场竞争力的重要手段

随着物流行业的不断发展，铁路货运企业面临着日益激烈的竞争，如何在这样的环境中脱颖而出，赢得客户的青睐，是摆在每个企业面前的难题。安全运输的重要性不言而喻。在物流过程中，任何安全事故都可能给企业带来巨大的经济损失和声誉损失。铁路货运企业必须高度重视安全运输，通过采取各种措施确保货物的安全、准时到达。只有这样，才能赢得客户的信任和忠诚度，从而在市场中占据有利地位。

4. 安全运输的落实还需要依靠科技的力量

随着物联网、大数据等技术的发展，铁路货运企业可以借助这些先进技术对运输过程进行实时监控和预警，及时发现和处理安全隐患。同时，通过数据分析，企业可以不断优化运输路线和方案，提高运输效率，降低安全风险。

铁路货运企业还可以通过提供个性化服务来提升竞争力。例如，根据客户的需求和货物的特点，提供定制化的运输方案和增值服务，如仓储、包装、配送等。这样不仅可以满足客户的多样化需求，还可以增加企业的收入来源，进一步提升企业的市场竞争力。

安全运输是铁路货运企业在激烈的市场竞争中立于不败之地的关键。只有通过加强安全管理、提高员工素质、借助科技力量以及提供个性化服务等措施，才能实现安全运输的目标，赢得客户的青睐，并在市场中占据有利地位。

（二）提高员工的安全意识和技能

提高员工的安全意识和技能是铁路货运安全培训的重中之重。为了实现这一目标，需要采取一系列切实有效的措施。

1. 必须加强对员工的安全意识教育

安全意识教育是提高员工的安全意识和技能的基础。通过定期开展安全意识教育，让员工充分认识到安全的重要性，了解安全事故对个人、家庭、企业和社会造成的巨大损失。相关人员可以通过组织安全知识讲座、观看安全教育视频、分享安全事故案例等方式，让员工深刻认识到安全的重要性，从而增强自身的安全意识。

2. 开展定期的安全培训课程

安全培训课程是提高员工的安全技能的重要途径。这些课程应该涵盖基本安全知识教育、货物装载与加固技术培训、事故应急处理与救援演练等内容。通过培训，相关人员可以确保员工掌握必要的安全技能和知识，提高他们在工作中的安全操作水平。同时，相关人员还可以邀请行业专家进行授课，分享实际工作经验和案例，增强培训效果。

3. 为了更好地提高员工应对突发情况的能力，可以引入虚拟现实技术进行模拟演练

虚拟现实技术可以模拟各种实际工作场景，让员工在模拟环境中进行演练，提高他们应对突发情况的能力。通过模拟演练，员工可以更好地掌握应急处理技巧，熟悉应急预案，提高自身的应急反应能力。统计数据显示，经过安全培训的员工在工作中发生安全事故的概率比未经过培训的员工低 50% 以上。这充分说明了提高员工的安全意识和技能对于铁路货运安全的重要性。因此，相关人员必须重视安全培训工作，采取切实有效的措施，确保员工具备足够的安全意识和技能，为铁路货运的安全稳定运行提供有力保障。

提高员工的安全意识和技能是铁路货运安全培训的核心任务。通过加强对员工的安全意识教育、开展定期的安全培训课程以及引入虚拟现实技术进行模拟演练等措施，可以有效提高员工的安全意识和技能水平，降低安全事故的发生概率，为铁路货运的安全稳定运行保驾护航。

二、铁路货运安全培训的内容

（一）基本安全知识教育

基本安全知识教育在铁路货运安全培训中占据着举足轻重的地位，它不仅关乎铁路货运的安全，更是对每一位铁路工作者的生命安全负责。铁路货运涉及的货物种类繁多，操作流程复杂，任何一个环节的疏忽都可能引发安全事故。基本安全知识教育正是为了提高铁路工作者的安全意识，使他们了解并掌握铁路货运的基本规定、安全操作规程等内容，从而在实际工作中避免因操作不当或对危险品运输管理不善而导致的安全事故。基本安全知识教育的内容广泛，主要包括以下几个方面。

1. 铁路货运的基本规定

这涉及铁路货运的基本法律法规、规章制度等内容，是铁路工作者必须掌握的基本知识。只有深入了解这些规定，才能在工作中做到严格遵守，确保铁路货运的安全。

2. 安全操作规程

针对铁路货运的各种操作流程，制定出相应的安全操作规程是至关重要的。这些规程不仅涵盖了货物的装卸、运输和保管等各个环节，还对每个环节的具体操作步骤和注意事项进行了详细规定。通过严格执行这些规程，可以有效地减少因操作不当引发的安全事故，确保铁路货运的安全和稳定。

在货物的装卸环节，安全操作规程要求工作人员必须按照规定的操作步骤进行，避免因操作不当导致货物损坏或人身伤害。例如，在装卸过程中，应使用合适的装卸工具，避免货物跌落或碰撞。同时，工作人员还须注意自身的安全防护，如佩戴安全帽、手套等防护用品。

在运输环节，安全操作规程要求工作人员密切关注货物的状态和安全状况，及时发现和处理异常情况。例如，在运输过程中，应定期检查货物的捆绑情况，确保货物在运输过程中不会发生移位或掉落。此外，工作人员还须注意路况和天气情况，避免因不良路况或恶劣天气导致安全事故的发生。

在保管环节，安全操作规程要求工作人员根据货物的特性和保管要求，采取相应的保管措施。例如，对于易燃易爆的货物，应将其存放在阴凉通风的地方，远离火源和热源。对于需要冷藏的货物，应将其存放在温度适宜的仓库中，并定期检查温度和湿度。除了以上各个环节的安全操作规程外，铁路货运还须建立健全的安全管理制度和应急预案。通过加强安全管理，提高员工的安全意识和应急处理能力，可以更好地应对各种突发情况，确保铁路货运的安全和稳定。

针对铁路货运的各种操作流程制定出相应的安全操作规程是至关重要的。通过严格执行这些规程和加强安全管理，可以有效地减少安全事故的发生，保障铁路货运的安全和稳定。

3. 危险品运输管理

危险品运输关乎货物的安全送达，更直接关系人民的生命财产安全。对于从事铁路货运工作的人来说，危险品运输是他们必须掌握的基本安全知识之一。

首先，需要明确什么是危险品。危险品通常指的是那些具有易燃、易爆、有毒、腐蚀性等特性的物品。这些物品在运输过程中一旦发生事故，后果不堪设想。因此，对于危险品的分类与特性有深入的了解，是铁路工作者在处理危险品运输时的基本要求。

在明确了危险品的分类与特性后，须关注危险品的运输要求。由于危险品的特殊性，其运输过程需要严格遵守相关规定。从包装、装载、隔离、温度控制到运输路径的选择等各个环节，都需要按照标准操作。只有这样，才能确保危险品在运输过程中的安全。

即使采取了各种预防措施，也不能完全避免危险品事故的发生。因此，应急处理成为危险品运输中不可或缺的一环。铁路工作者需要接受专门的应急处理培训，以便在事故发生时迅速、准确地采取应对措施，最大限度地减少事故造成的损失。由于危险品运输的特殊性，铁路工作者在处理相关业务时必须具备高度的专业知识和严谨的工作态度。这不仅包括对危险品基本知识的了解，还包括对相关法规、操作规程的熟悉。只有这样，才能确保危险品运输的安全，为铁路货运的顺利进行提供有力保障。

危险品运输作为铁路货运中的一大难点，需要投入更多的关注和努力。通过加强安全知识教育、提高专业水平、严格遵守操作规程等措施，可以有效地降低危险品运输的风险，确保铁路货运的安全与稳定。

4.事故应急处理

在铁路货运过程中，突发情况时有发生，如火灾、泄漏等，这些事故不仅会造成财产损失，还可能威胁到人们的生命安全。因此，事故应急处理教育在铁路工作中显得尤为重要。事故应急处理教育旨在提高铁路工作者应对突发情况的能力。通过培训和实践演练，使铁路工作者掌握正确的应急处理方法和措施，确保在遇到突发情况时能够迅速、准确地采取应对措施，最大限度地减少事故损失。

第一，事故应急处理教育可以帮助铁路工作者增强安全意识。铁路货运涉及大量的危险品和易燃物品，一旦发生事故，后果不堪设想。通过教育，使铁路工作者认识到事故的严重性，提高警惕性，时刻保持安全意识。

第二，事故应急处理教育可以提高铁路工作者的应急处理能力。在突发情况下，时间就是生命，快速、正确的应对措施能够为救援工作争取宝贵的时间。通过培训和实践演练，使铁路工作者熟悉应急预案，掌握正确的应急处理方法，提高应急处理能力。

第三，事故应急处理教育有助于加强铁路部门之间的协作。在处理铁路货运事故时，往往需要多个部门协同作战，如消防、公安、医疗等。通过教育，加强部门之间的沟通与协作，确保在遇到突发情况时能够迅速、有效地进行救援工作。

事故应急处理教育在铁路货运中具有举足轻重的地位。通过加强事故应急处理教育，提高铁路工作者的安全意识和应急处理能力，为铁路货运的安全稳定运行提供有力保障。同时，这也体现了铁路部门对铁路工作者生命安全的重视和关爱，有助于增强铁路部门的凝聚力和向心力。

为了确保基本安全知识教育的效果，可以从以下几个方面着手。

第一，制订完善的教育计划：为了满足铁路货运的实际需求，必须制订出一套科学、完善的教育计划。这个计划应该全面覆盖铁路货运的各个方面，包括但不限于铁路货运的基本知识、运输流程、安全管理、设备操作以及应急处理等。通过这样的教育计划，可以确保铁路货运人员具备足够的专业知识和技能，以应对实际工作中可能遇到的各种问题。在制订教育计划的过程中，须充分考虑铁路货运的实际需求。这意味着相关人员需要深入了解铁路货运的运作方式、技术要求以及发展趋势。同时，还须考虑到不同岗位、不同层次人员的需求，确保教育内容能够满足他们的实际需要。当然，制订出科学、完善的教育计划只是第一步，还要注重计划的执行和监督。只有通过有效的执行和监督，相关人员才能确保教育计划的落实，从而达到提高铁路货运人员专业素质和技能水平的目的。为此，相关人员须建立健全的教育培训机制，明确各级人员的职责和要求，同时加强考核和评估，以确保教育计划的实施效果。

制订科学、完善的教育计划是提高铁路货运人员专业素质和技能水平的关键。通过深入了解实际需求、全面覆盖教育内容、注重计划的执行和监督，相关人员可以确保教育计划的实施效果，从而为铁路货运的发展提供有力的人才保障。

第二，丰富教育形式：采用多种形式的教育方式，如讲座、案例分析、实地演练等，以提高学习者的学习兴趣和参与度。此外，还可以借助现代信息技术手段，如网络课程、多媒体教学等，使教育更加便捷、高效。

首先，讲座是一种传统的教育方式，它可以通过教师的讲解和演示，使学习者获得系统性的知识。但是，单纯的讲座可能会让学习者感到枯燥乏味，因此，相关人员可以在讲座中穿插一些互动环节，如提问、小组讨论等，以提高学习者的参与度。

其次，案例分析是一种非常实用的教育方式。通过分析真实的案例，学习者可以更好地理解所学知识的实际应用，同时也可以提高他们的分析和解决问题的能力。在案例分析中，相关人员可以采用小组讨论的方式，让学习者共同探讨问题，分享观点，从而加深对案例的理解。

最后，实地演练也是一种非常有效的教育方式。通过实地演练，学习者可以亲身体验知识的实际应用，从而更好地掌握所学知识。例如，在计算机编程课程中，教师可以带领学习者到企业实地考察，了解计算机编程在实际工作中的应用，从而提高学习者的学习兴趣和参与度。

除了以上几种教育方式，还可以借助现代信息技术手段，如网络课程、多媒体教学等，使教育更加便捷、高效。网络课程可以让学习者随时随地学习，不受时间和地点的限制。多媒体教学可以通过图像、声音、视频等多种形式展示知识，使学习者更加直观地理解所学内容。

第三，加强实践操作训练：铁路货运工作是一项实践性非常强的工作，仅仅掌握理论知识是远远不够的。因此，在基本安全知识教育中，相关人员必须加强实践操作训练，使学习者能够熟练掌握各种操作技能和应急处理方法。①实践操作训练是铁路货运安全的重要保障。铁路货运涉及大量的机械、设备和操作流程，任何一个环节的失误都可能引发安全事故。通过实践操作训练，学习者可以更加深入地了解各种设备和操作流程，掌握正确的操作方法，提高操作的准确性和熟练度。这样，在工作中就能够更加自信、准确地完成各项任务，减少失误和事故的发生。②实践操作训练能够帮助学习者更好地应对紧急情况。在铁路货运工作中，不可避免地会遇到各种紧急情况，如设备故障、交通事故等。通过实践操作训练，学习者可以学习如何应对这些紧急情况，掌握应急处理方法，提高应急处置能力。这样，在遇到紧急情况时，就能够迅速、准确地采取应对措施，最大限度地减少损失和风险。

为了加强实践操作训练，可以采取多种方式。①建立模拟实训基地，为学习者提供模拟的铁路货运场景和设备，让他们在模拟的环境中进行操作训练。②组织实地操作训练，让学习者在真实的铁路货运环境中进行操作和实践。③邀请经验丰富的铁路货运工作人员进行现场教学，传授实际的工作经验和技巧。

实践操作训练是铁路货运基本安全知识教育的重要组成部分。通过加强实践操作训练，可以提高学习者的操作技能和应急处理能力，为铁路货运工作的安全和稳定提供有力保障。

第四，建立考核机制：建立科学的考核机制，对学习者的学习成果进行评估和反馈。这有助于发现教育中的不足之处，以便及时调整和完善教育计划。

第五，培养专业师资力量：建立一支具备专业知识和丰富实践经验的师资队伍，是确保基本安全知识教育质量的关键。要加强对教师的培养和引进，提高教师的专业素养和教育能力。

基本安全知识教育是铁路货运安全培训的重要内容之一。通过深入解析其重要性及涵盖内容，并采取有效的加强措施，可以提高铁路工作者的安全意识和操作技能，为铁路货运的安全提供有力保障。

通过对这些基本安全知识的培训，可以提高员工的安全意识和技能，减少事故的发生。例如，某铁路货运公司曾经发生过一起由于员工违反操作规程导致的货物损失事故，该公司随后加强了对员工的基本安全知识培训，并引入了模拟演练等实践操作方式，使工在实际操作中加深对安全知识的理解和掌握，有效降低了类似事故的发生率。此外，基本安全知识教育还可以通过引入案例分析、数据分析等方法，帮助员工更好地理解事故原因和预防措施，提高安全意识。

（二）货物装载与加固技术培训

货物装载与加固技术在铁路货运中具有极其重要的地位。随着物流行业的快速发展，铁路货运面临的压力越来越大，货物装载与加固技术的要求也日益严格。为了确保货物在运输过程中的安全，必须对货物进行正确的装载和加固。这不仅关系到物流企业的声誉，更直接关系到人民的生命财产安全。

在实际操作中，货物装载与加固技术需要遵循一定的原则。①要确保货物的稳定性，使货物在运输过程中不会发生移动或倾倒。②要合理利用车辆的载重能力，避免超载或欠载。此外，还须根据货物的性质和运输距离等因素，选择合适的装载和加固方式。③对于易碎品，要采用防震包装和加强加固措施，以减少运输过程中产生的震动和冲击；对于超重货物，要采用特殊的装载和加固方法，以确保货物的安全运输。

为了提高货物装载与加固技术的水平，要加强员工培训和实践经验的积累。通过定期开展装载和加固课程和实践操作演练，可以提高员工的技能水平和安全意识。此外，还可以引入先进的货物装载与加固技术，如智能装载系统、动态监测系统等，以提高运输效率和安全性。

在未来的发展中，随着科技的进步和物流行业的需求增长，货物装载与加固技术将不断发展和完善。个性化培训需求的满足将更加重要，员工要根据自己的岗位职责和工作特点，选择适合自己的培训内容和方式。同时，引入先进技术提升培训质量将成为必然趋势，如虚拟现实技术、大数据分析等将被广泛应用于培训和演练中。此外，国际合作与交流也将更加频繁和深入，共同提升铁路货运安全水平。

（三）事故应急处理与救援演练

事故应急处理与救援演练在铁路货运安全培训中占据着至关重要的地位。随着铁路货运量的不断增长，事故风险也随之增加，因此，应急处理与救援能力的提升成为保障铁路货运安全的关键环节。为了提高员工在事故发生时的应急处理能力，须通过模拟真实的事故场景，员工可以在实践中掌握应急救援技能，熟悉应急预案的流程和要求，提高应对突发事件的反应速度和处理能力。同时，救援演练还可以加强各部门之间的协调配合，提高整体应急救援的效率。据统计，经过专业培训和演练的救援队伍在处理铁路事故时，救援速度和成功率均能提高 30% 以上。因此，加强事故应急处理与救援演练是铁路货运安全培训的重要内容，对于保障铁路货运安全具有重要意义。

三、安全培训的方法与形式

（一）理论授课与实践操作相结合

理论授课与实践操作相结合是提升铁路货运安全培训效果的关键。通过理论授课，员工可以系统地了解安全规章制度、操作规程以及应急处理方法等知识，为实践操作提供理论指导。然而，仅有理论授课是不够的，员工只有在实际操作中才能真正掌握安全技能。

为了实现理论授课与实践操作的有机结合，可以采用以下几种方法：①模拟演练是一种有效的实践操作方式。通过模拟实际运输过程中的各种情况和事故，员工可以在安全的环境下进行实践操作，提高应对突发情况的能力。例如，模拟货物装载和加固过程，可以让员工在实际操作中掌握正确的装载和加固技术，提高货物运输的安全性。②实际操作也是实践操作的一种重要形式。通过实际操作，员工可以更加深入地了解实际运输过程中的安全要求和操作规程，提高应对实际问题的能力。

为了确保实践操作的效果，还须对实践操作的过程和结果进行评估和总结。通过评估员工的实践操作表现，可以发现存在的问题和不足之处，及时进行纠正和改进。同时，总结实践操作的经验和教训，可以为后续的安全培训提供有益的参考和借鉴。通过评估和总结，可以不断完善实践操作的方法和形式，提高铁路货运安全培训的整体效果。

（二）定期开展安全培训

定期开展安全培训，可以提高员工的安全意识和技能水平，降低事故发生的概率。例如，某铁路公司每年都会组织一次全员安全培训，培训内容涵盖了基本安全知识、货物装载与加固技术以及应急处理与救援演练等方面。这种定期的培训不仅让员工熟悉了安全规定和操作规程，通过实践演练增强了员工应对突发情况的能力。有些铁路公司还引入了虚拟现实技术进行模拟演练，使员工在仿真的环境中进行操作，提高了培训效果和实用性。定期开展安全培训对于铁路货运安全具有重要意义，不仅可以提高员工的安全意识和技能水平，还能够增强企业的安全管理水平，为铁路货运的安全运输提供有力保障。

（三）引入虚拟现实技术进行模拟演练

随着科技的日新月异，虚拟现实技术已经从原先的航天、军事等领域延伸到了更为广泛的领域。特别是在铁路货运安全培训中，虚拟现实技术的应用已经成为一种新的趋势。这种技术为铁路员工提供了一个逼真的虚拟环境，让他们在模拟演练中提高应对突发情况的能力和技能。在传统的铁路货运安全培训中，员工通常是通过理论学习和实践操作来掌握相关知识和技能。然而，这种方式存在着一些局限性。例如，实践操作需要大量的时间和资源，具有一定的风险性。而虚拟现实技术则可以很好地解决这些问题。通过模拟货物运输过程中的各种情况和场景，员工可以在虚拟环境中进行逼真的演练，从而更加深入地理解和掌握相关知识和技能。虚拟现实技术的引入，不仅可以提高员工的安全意识和应对突发情况的能力，还可以降低培训成本和风险。这种技术还可以为员工提供更加个性化和定制化的培训服务。通过模拟不同的场景和情况，员工可以根据自己的需求和实际情况进行有针对性的练习和提高。当然，虚拟现实技术在铁路货运安全培训中的应用还须进一步地研究和探索。例如，如何更加逼真地模拟实际情况、如何提高模拟演练的互动性和趣味性、如何评估虚拟现实技术在培训中的效果等。

根据相关研究，通过虚拟现实技术进行模拟演练可以显著提高员工的安全意识和技能水平，减少实际工作中发生事故的概率。例如，某铁路公司引入虚拟现实技术后，员工在模拟演练中能够快速准确地应对各种突发情况，安全意识和操作技能得到了大幅提升。虚拟现实技术还可以模拟各种极端天气、地质灾害等复杂情况，让员工在安全环境下进行演练，提高了培训效果和安全性。

四、安全演练的策划与实施

（一）制订详细的演练计划和方案

在策划和实施铁路货运安全演练时，制订详细的演练计划和方案至关重要。①要明确演练的目标和预期效果，如提高员工应对突发情况的能力、检验应急预案的可行性等。②根据目标制定具体的演练科目和内容，如模拟货物列车脱轨、火警等不同场景，评估员工在各种情况下的应对措施。此外，还要确定演练的时间、地点和参与人员，确保相关人员能够全面参与。在制定演练方案时，要充分考虑安全风险和可行性，确保演练过程既安全又具有实际意义。

为了提高演练效果，可以采用多种形式和方法。例如，模拟演练可以模拟真实场景，让员工在模拟环境中进行应对操作；实战演练则可以让员工在实际操作中提高应对能力。同时，还可以引入评估模型对演练效果进行量化评估，如通过对比演练前后的员工应对能力、应急预案执行效率等指标，对演练效果进行客观评价。此外，还可以结合案例分析、专家点评等方式，对演练过程进行全面总结和反思。

在制订演练计划和方案时，还需要注意以下几点。①要确保演练计划具有足够的灵活性和可调整性，以便应对可能出现的意外情况。②要充分考虑资源和时间的限制，确保演练计划具有可行性和可操作性。③要注重与相关部门的沟通和协调，确保演练计划能够得到有效执行。

制订详细的演练计划和方案是铁路货运安全培训与演练中的关键环节。科学合理地策划和实施，可以提高员工的安全意识和应对能力，为铁路货运的安全运输提供有力保障。

（二）组织专业人员实施演练

在铁路货运安全培训与演练中，组织专业人员实施演练是至关重要的环节。专业人员具备丰富的实践经验和技能，能够确保演练的针对性和有效性。为了更好地实施演练，需要采取以下措施：①要对专业人员进行充分的培训和指导，确保他们掌握演练计划和方案，明确各自的职责和任务。②要合理分工，根据专业人员的特长和经验，安排适合的岗位和角色，使其发挥最大的作用。③要注重团队协作，加强沟通与协调，确保演练过程中的各个环节能够紧密衔接，提高演练的整体效果。④要加强对专业人员的监督和管理，及时发现和解决问题，不断完善和优化演练流程。通过这些措施的实施，可以有效地提高铁路货运安全培训与演练的效果和质量，为铁路货运安全提供有力保障。

（三）对演练过程进行评估和总结

在铁路货运安全培训与演练中，对演练过程的评估和总结是至关重要的环节。通过对演练过程的评估，可以及时发现和纠正存在的问题，提高演练的真实性和有效性。同时，总结经验教训，不断完善和优化培训与演练方案，提高铁路货运安全水平。

评估演练过程时，需要关注多个方面。①要对演练的组织和实施过程进行评估，包括演练方案的制定、演练场景的构建、演练人员的安排等。②要对演练的效果进行评估，包括参与人员的反应速度、操作熟练度、团队协作能力等。③要对演练中暴露出的问题进行深入分析，找出原因并制定相应的改进措施。

在总结演练经验教训时，要注重实效性。针对演练中暴露出的问题，要认真总结经验教训，提出切实可行的改进措施。同时，要将总结的经验教训融入日常工作，加强员工的安全意识和技能培训，提高整体安全水平。

为了更好地评估和总结演练过程，可以采用多种方法。例如，可以制定详细的评估标准和方法，对参与人员的表现进行量化评估。同时，可以引入专家或第三方机构进行客观公正的评估和总结。此外，还可以通过案例分析、数据分析等方法对演练过程进行深入剖析和总结。

五、安全培训与演练的效果评估

（一）制定评估标准

评估标准应包括参与培训和演练的员工的技能水平、安全意识、事故应对能力等方面的指标，以及培训和演练过程的质量控制指标。在制定评估标准时，应充分考虑铁路货运行业的安全标准和国内外相关法规要求，并结合企业实际情况进行调整和完善。同时，应采用多种评估方法相结合的方式，包括问卷调查、实际操作考核、案例分析等，以确保评估结果的全面性和准确性。

（二）对培训和演练效果进行跟踪评估

为了确保铁路货运安全培训与演练效果，对培训和演练效果的跟踪评估至关重要。①要制定科学的评估标准和指标体系，包括参与培训和演练人员的安全意识、技能水平、事故应对能力等方面的指标。②采用问卷调查、实际操作考核、模拟演练等多种方式收集数据，确保评估结果的客观性和准确性。同时，结合数据分析工具，如 SPSS、Excel 等，对收集到的数据进行处理和分析，以发现培训和演练中的不足和问题。③可以引入第三方评估机构对培训和演练效果进行客观评估，以获得更全面、客观的评估结果。总之，对培训和演练效果的跟踪评估是提升铁路货运安全培训与演练质量的重要手段，通过不断改进和完善，可以更好地保障铁路货运的安全和稳定。

（三）针对评估结果进行改进和完善

针对评估结果进行改进和完善是提升铁路货运安全培训效果的重要环节。①要根据评估结果分析培训中存在的问题和不足，找出影响培训效果的关键因素。例如，如果评估结果显示员工在实际操作中存在失误，就须加强实践操作的培训和模拟演练。如果评估结果显示员工对安全知识掌握不够，就要增加安全知识教育的课时和内容。②要根据评估结果调整和完善培训计划和方法。例如，引入更先进的培训技术和手段，提高培训的针对性和实效性。③可以借鉴其他行业的成功经验。例如，引入 OJT（在职培训）模式，让员工在实际工作中不断学习和提升安全技能。总之，只有不断根据评估结果进行改进和完善，才能不断提升铁路货运安全培训的效果和质量。

第三节　构建多边应急救援体系

一、铁路货运安全管理概述

（一）铁路货运安全管理的概念与特点

铁路货运安全管理是铁路运输管理的重要组成部分，它涉及铁路货运过程中的安全保障、风险控制和事故预防等多个方面。铁路货运安全管理具有以下几个特点：①系统性，铁路货运安全管理涉及运输、装卸、仓储等多个环节，须从系统角度进行规划和设计；②预防性，铁路货运安全管理应以预防为主，通过加强安全检查、隐患排查等手段，降低事故发生的概率；③动态性，铁路货运安全管理工作应随着运输环境和运输需求的变化而不断调整和完善。为了更好地实现铁路货运安全管理，须构建多边应急救援体系，通过加强信息共享、资源整合和协同作战，提高应对突发事件的能力和效率。

（二）铁路货运安全管理现状与挑战

铁路货运安全管理现状与挑战是构建多边应急救援体系的重要前提。当前，铁路货运安全管理面临着诸多挑战，如设备老化、运输量增长、安全监管不力等。据统计，近年来我国铁路货运事故发生率呈上升趋势，给国家和人民生命财产安全带来了严重威胁。究其原因，主要是铁路货运安全管理存在漏洞，如安全制度不完善、安全意识淡薄、安全监管不到位等。此外，随着铁路运输量的不断增长，运输压力也在逐渐加大，对铁路货运安全管理提出了更高的要求。

为了应对这些挑战，铁路货运安全管理需要构建多边应急救援体系。该体系旨在通过多方面的合作与协调，提高铁路货运安全管理的效率和应对突发事件的能力。具体而言，多边应急救援体系包括多个方面的内容，如应急预案的制定、应急队伍的建设、应急物资的储备等。通过这些措施的实施，可以有效地减少铁路货运事故的发生率，降低事故损失，保障铁路运输的顺利进行。

在构建多边应急救援体系的过程中，需要遵循一定的原则和理念。①要坚持以人民为中心的发展思想，把保障人民生命财产安全放在首位。②要注重预防为主的原则，加强铁路货运安全管理的预防措施，减少事故的发生率。③要注重多边合作的理念，加强与相关部门的协调和配合，形成合力，共同应对突发事件。

为了实现多边应急救援体系的构建与实践，需要采取一系列的措施。①要加强铁路货运安全管理的制度建设，完善相关法律法规和规章制度，为安全管理提供有力保障。②要加强铁路货运安全管理的技术手段建设，提高安全监测和预警系统的技术水平，实现实时监控和预警。③要加强铁路货运安全管理的人才队伍建设，提高安全管理人员的专业素质和应对突发事件的能力。

铁路货运安全管理构建多边应急救援体系是一项重要的研究与实践课题。通过加强制度建设、技术手段建设和人才队伍建设等措施的实施，可以有效地提高铁路货运安全管理的效率和应对突发事件的能力，保障铁路运输的顺利进行。

（三）构建多边应急救援体系的必要性

铁路货运安全管理构建多边应急救援体系不仅是应对突发事件的有效手段，更是保障铁路运输安全的重要措施。随着铁路运输量的不断增长，各类安全事故时有发生，这给铁路货运安全管理带来了巨大挑战。传统的单边应急救援体系往往难以应对复杂多变的突发事件，因此，要构建多边应急救援体系，加强各方的协调与合作，共同应对危机。通过多边应急救援体系的构建，可以整合各方资源，提高救援效率，减少事故损失。例如，在某次铁路货运事故中，由于多边应急救援体系的及时响应，避免了更大损失的发生。据统计，多边应急救援体系在类似事故中的成功率高达 90% 以上，显示出巨大的优越性。构建多边应急救援体系不仅可以提高救援效率，还可以加强各方的信息交流与合作，促进资源的共享与优化配置。通过多边合作，可以充分发挥各方的优势，形成合力，共同应对各种挑战。在未来的铁路货运安全管理中，应进一步加强多边应急救援体系的构建与实践，不断完善相关机制和流程，提高应对突发事件的能力和水平。

二、多边应急救援体系构建的理论基础

（一）应急救援体系理论基础

应急救援体系理论基础是构建多边应急救援体系的重要支撑。它涉及多个学科领域，包括应急管理、危机管理、灾害管理等。这些理论为多边应急救援体系的构建提供了指导思想和基本原则。例如，应急管理理论中的"一案三制"原则，即预案、应急管理体制、运行机制、法制的有机结合，为多边应急救援体系的组织架构和运行机制提供了重要的参考。危机管理理论中的危机预警和危机应对策略，为多边应急救援体系在应对突发事件时的快速反应和协同作战提供了理论支持。灾害管理理论中的综合减灾思想，为多边应急救援体系在减少灾害风险、减轻灾害损失方面提供了重要的思路和方法。

在构建多边应急救援体系时，须充分考虑各种因素，包括组织架构、资源整合、信息共享、协调机制等。这些因素相互关联、相互影响，要综合考虑、全面规划。例如，在组织架构方面，要明确各方的职责和权利，建立有效的协调机制，确保各方能够快速响应、协同作战。在资源整合方面，要整

合各方面的资源，包括人力、物力、财力等，形成强大的资源保障体系。在信息共享方面，要建立完善的信息共享机制，实现信息的快速传递和准确掌握。在协调机制方面，要建立高效的协调机制，确保各方能够紧密配合、形成合力。

为了实现多边应急救援体系的构建目标，要采取一系列的措施和策略。例如，加强应急预案的制定和演练，提高应对突发事件的能力和水平；加强应急救援队伍的建设和管理，提高应急救援的效率和效果；加强应急救援物资的储备和管理，保障应急救援工作的顺利开展；加强应急救援信息平台的建设和管理，实现信息的快速传递和准确掌握；加强应急救援法律法规的建设和完善，为应急救援工作提供法律保障和支持。

在实践方面，多边应急救援体系已经在国内外得到了广泛的应用和推广。例如，在美国的"9·11"事件中，纽约市紧急事务管理局在事件发生后迅速启动了应急救援计划，协调了各方力量和资源，进行了有效的应急救援工作。在国内，北京市也建立了一套完善的应急救援体系，涵盖了自然灾害、事故灾难、公共卫生事件等多个领域，为保障人民群众的生命财产安全发挥了重要作用。

应急救援体系理论的基础是多边应急救援体系构建的重要支撑和指导。通过充分考虑各种因素、采取一系列的措施和策略，可以有效地提高应急救援的能力和水平，减少灾害风险、减轻灾害损失。未来，随着科技的进步和社会的发展，应急救援体系理论基础将会不断完善和发展，为多边应急救援体系的构建提供更加坚实的支撑和保障。

（二）多边合作理论在应急救援中的应用

多边合作理论在应急救援中具有重要应用，它强调在面对突发事件时，多个组织或国家之间应通过信息共享、资源整合、协同行动等方式进行合作，共同应对危机。在铁路货运安全管理中，构建多边应急救援体系是实现快速响应、减少损失的重要手段。根据多边合作理论，相关人员可以建立信息共享平台，实现各组织间的信息实时互通；可以整合资源，确保救援物资和力量的有效利用；可以通过协同行动，提高救援效率，缩短救援时间。例如，在某次铁路货运事故中，多边应急救援体系发挥了重要作用。通过信息共享平台，各组织迅速获取了事故现场的信息，为救援决策提供了有力支持。同时，救援物资和力量得到了有效整合和调配，确保了救援行动的高效进行。协同行动使得各组织之间形成了紧密的合作关系，共同应对危机。实践证明，多边应急救援体系在铁路货运安全管理中具有显著的优势和效果，为保障铁路货运安全提供了有力保障。

（三）铁路货运安全管理的法律法规要求

铁路货运安全管理的法律法规要求是构建多边应急救援体系的重要依据。根据相关法律法规，铁路货运安全管理必须严格遵守规定，确保铁路运输的安全。这些规定包括对货物装载、运输安全、事故处理等方面的具体要求，以及对违规行为的惩罚措施。在货物装载方面，规定要求严格控制货物的重量、尺寸和堆放方式，以防止超载和不稳固的货物对运输安全造成威胁。在运输安全方面，规定要求铁路货运公司建立健全的安全管理制度，加强车辆检修和驾驶员培训，确保运输过程中的安全可控。在事故处理方面，规定要求铁路货运公司建立完善的事故应急预案，及时处理突发事故，配合相关部门进行调查和分析。同时，法律法规还要求铁路货运公司加强对员工的培训和教育，提高员工的安全意识和应急处理能力。

为了满足法律法规的要求，铁路货运安全管理需要不断地完善和改进。①铁路货运公司需要建立健全的安全管理体系，完善各项安全管理制度和操作规程，确保各项安全管理措施得到有效执行。②铁路货运公司需要加强安全风险评估和监测，及时发现和消除安全隐患，防止事故的发生。③铁路货运公司需要加强与相关部门的协作和配合，建立多边应急救援体系，提高应对突发事故的能力和效率。④铁路货运公司需要加强对员工的培训和教育，提高员工的安全意识和应急处理能力，确保员工能够有效地履行安全管理职责。

三、铁路货运安全管理现状与问题分析

（一）铁路货运安全管理现状

铁路货运安全管理现状是构建多边应急救援体系的重要基础。当前，铁路货运安全管理面临着诸多挑战，如设备老化、运输量增长、安全监管不力等。据统计，近年来我国铁路货运事故发生率呈上升趋势，给国家和人民生命财产安全带来了严重威胁。究其原因，主要是安全管理机制不完善、安全意识薄弱、技术装备落后等。因此，构建多边应急救援体系是铁路货运安全管理的必然选择。

（二）铁路货运安全管理存在的问题

铁路货运安全管理存在的问题主要体现在以下几个方面。①安全管理体系不健全，缺乏有效的安全监管机制。这导致安全管理工作的漏洞和不足，难以有效预防和处理安全事故。②铁路货运从业人员素质参差不齐，安全意识薄弱。由于缺乏有效的培训和教育机制，从业人员的安全知识和技能水平有限，对安全问题的认识和处理能力不足。③铁路货运设备设施陈旧老化，安全隐患较多。由于资金投入不足或者维护保养不到位，许多设备设施长期处于超负荷运转状态，容易发生故障和事故。④应急救援体系不完善，缺乏有效的应急响应机制。在发生安全事故时，往往会出现信息传递不及时、救援力量不足、指挥协调不力等问题，导致救援效果不佳。

解决这些问题需要从多个方面入手。①建立健全的安全管理体系，完善安全监管机制。通过制定完善的安全管理制度和规范，明确各级管理人员和从业人员的安全职责，形成有效的安全监管网络，提高安全管理工作的全面性和有效性。②加强从业人员培训和教育，提高安全意识。通过定期开展安全知识培训、技能演练等活动，增强从业人员的安全意识和应对能力，提高整体素质水平。③加大资金投入，更新设备设施。对老旧设备进行更新改造，提高设备设施的可靠性和安全性，减少故障和事故的发生。④完善应急救援

体系，建立有效的应急响应机制。通过制定应急预案、建立应急救援队伍、配备应急救援装备等措施，提高应急响应速度和救援效果，最大限度地减少人员伤亡和财产损失。

（三）问题产生的原因与影响分析

铁路货运安全管理问题的产生原因主要包括设备设施老化、管理体制不健全、安全意识薄弱以及应急救援体系不完善等。这些原因相互交织，导致安全事故频发，给铁路货运带来了严重影响。例如，设备设施老化会导致运输过程中的安全隐患增加，管理体制不健全则可能使得安全问题得不到及时有效的解决。同时，安全意识薄弱也是导致安全事故的重要因素之一，而应急救援体系不完善则可能使得事故发生后无法得到及时有效的救援。

为了解决这些问题，需要从多个方面入手。①加强设备设施的维护和更新，提高其安全性能。②建立健全的管理体制，完善安全管理制度和操作规程，加强安全检查和监督。③加强员工安全意识培训和教育，提高员工的安全意识和技能水平。④完善应急救援体系，加强应急演练和救援能力建设，确保在事故发生后能够及时有效地开展救援工作。

通过以上措施的实施，可以有效减少铁路货运安全事故的发生，保障铁路货运的安全和畅通。同时，也有助于提高铁路货运企业的竞争力和社会形象，推动铁路货运行业的可持续发展。

四、多边应急救援体系的构建与实践

（一）多边应急救援体系的设计理念与原则

多边应急救援体系的设计理念与原则是构建该体系的核心指导思想。①要坚持"以人为本"的原则，将保障人民群众的生命财产安全作为首要任务。②要遵循"快速响应"的原则，确保在突发事件发生时能够迅速启动救援机制，最大限度地减少损失。③要遵循"协同合作"的原则，加强跨部门、跨地区的协调与合作，形成救援合力。④要注重"科学救援"的理念，运用现代科技手段提高救援的精准度和效率。⑤要秉持"预防为主"的理念，加强风险防范和应急准备，从根本上降低突发事件的发生概率。

在构建多边应急救援体系的过程中，要充分整合各方资源，建立统一、高效的协调指挥机制。例如，可以建立国家级别的应急指挥中心，负责统筹协调各部门、各地区的救援力量。同时，要加强应急救援队伍建设，提高救援人员的专业素质和应对能力。此外，还要加强应急物资储备和运输能力建设，确保救援物资能够及时送达灾区。在技术层面，要积极推广应用先进的救援技术和装备，提高救援的科技含量。通过这些措施的实施，可以有效地提高多边应急救援体系的响应速度和救援效果。

为了确保多边应急救援体系的有效运行，还要建立完善的法律法规体系。通过制定相关法律法规，明确各方的职责、权利和义务，规范应急救援工作的流程和标准。同时，要加强对应急救援工作的监督和评估，及时发现问题并加以改进。此外，还要注重对应急救援工作的宣传和教育，提高全社会的风险意识和自救互救能力。

多边应急救援体系的设计理念与原则是构建该体系的重要指导思想。通过坚持"以人为本"、快速响应、协同合作、科学救援和预防为主的原则，并采取一系列切实有效的措施，可以建立一个统一、高效的多边应急救援体系，为保障人民群众的生命财产安全提供有力支持。

（二）多边应急救援体系的组织架构与运行机制

多边应急救援体系的组织架构与运行机制是该体系构建的核心内容。在组织架构方面，多边应急救援体系应由多个相关机构或组织共同构成，包括政府部门、铁路货运企业、救援队伍、社会组织等。这些机构或组织在体系中扮演不同的角色，如政府部门负责制定政策和协调资源，铁路货运企业负责提供相关信息和配合救援工作，救援队伍负责实施紧急救援行动，社会组织可以提供物资和人力支持等。为了确保体系的高效运行，须明确各方的职责和权利，建立有效的沟通协调机制。

在运行机制方面，多边应急救援体系应建立快速响应机制、资源共享机制和信息互通机制。快速响应机制是指在接到救援请求后，能够迅速启动应急响应程序，调动各方资源进行救援；资源共享机制是指各方能够共享人力、物资和设备等资源，提高救援效率；信息互通机制是指各方能够及时传递信息和共享情报，为救援决策提供支持。

为了实现这些机制的有效运行，须建立相应的平台和工具。例如，在面对突发事件和灾难时，有效的应急响应和救援行动至关重要。为了更好地应对这些挑战，可以采取以下措施。

第一，建立应急指挥中心。这个中心将负责统一指挥和协调各方行动，确保救援工作的高效有序进行。通过集中资源和力量，可以迅速调动各方资源，协调各部门之间的合作，避免混乱和延误。此外，应急指挥中心还可以实时监控灾情，及时掌握最新情况，为决策提供准确的信息支持。

第二，建立信息化平台。通过这个平台，可以实时传递和共享信息，使各方能够及时了解灾情进展和救援情况。这有助于提高决策效率和响应速度，确保救援行动的针对性和有效性。信息化平台还可以用于远程指挥和调度，方便领导层对救援工作进行远程监控和指导。

第三，建立物资储备和调配系统。在灾难发生时，救援物资的及时供应对于保障受灾群众的生命安全至关重要。通过建立完善的物资储备和调配系统，可以确保救援物资的充足供应和及时送达。此外，这个系统还可以根据灾情变化进行动态调整，优化物资分配，提高救援效率。

在实际应用中，多边应急救援体系的效果取决于各方参与的积极性和协同作战的能力。因此，要加强宣传教育，提高公众的安全意识和自救互救能力；要加强培训演练，提高救援队伍的专业素质和应急处置能力；要加强合作交流，促进各方之间的信任与合作。

（三）多边应急救援体系的实践案例与效果评估

多边应急救援体系的实践案例与效果评估是铁路货运安全管理构建多边应急救援体系研究的重要组成部分。在实践中，多边应急救援体系的构建要综合考虑各种因素，包括救援力量、资源调配、信息共享、协调机制等方面。

通过对实际案例的分析，可以深入了解多边应急救援体系的实践效果，总结经验教训，为进一步完善体系提供有力支持。

例如，某铁路货运公司曾遭遇一起严重的货物列车脱轨事故，事故造成交通中断和人员伤亡。事故发生后，当地政府、铁路管理部门、医疗急救机构等多个部门迅速组成多边应急救援体系，展开救援行动。通过各部门之间的紧密配合和协调，救援力量得到了有效整合，资源调配得到了优化，信息共享得到了加强，最终成功地完成了救援任务，恢复了交通秩序。

为了全面评估多边应急救援体系的实践效果，相关人员需要采用多种方法进行综合评估。这些评估方法包括满意度调查、救援效果评估和资源利用效率评估等。通过这些评估方法，可以深入了解多边应急救援体系在实际应用中的表现，发现其优点和不足，为进一步优化和完善体系提供重要依据。

第一，满意度调查是一种重要的评估方法。通过向受援方和救援人员发放问卷或进行访谈，了解他们对多边应急救援体系的满意度。这种调查可以帮助铁路部门发现体系中存在的问题和不足，以及需要改进的方面。同时，还可以了解受援方和救援人员对体系的期望和需求，为体系的发展和完善提供方向。

第二，救援效果评估是一项重要的评估工作。通过对多边应急救援体系在灾害救援中的实际效果进行分析和评估，可以了解体系的优点和不足。例如，相关人员可以分析救援行动的响应速度、救援资源的调配效率、救援人员的专业水平等方面，以评估体系的实际效果。此外，还可以通过对比不同救援行动的效果，发现体系中存在的问题和不足，并提出改进措施。

第三，资源利用效率评估也是一项重要的评估工作。通过对多边应急救援体系在救援行动中的资源利用情况进行评估，工作人员可以了解体系的资源利用效率和成本效益。例如，可以分析救援行动中的物资消耗、人力成本、运输费用等方面，以评估体系的资源利用效率和成本效益。此外，还可以通过对比不同救援行动的资源利用效率和成本效益，发现体系中存在的问题和不足，并提出改进措施。

另外，相关人员需要注意以下几点，以确保评估的准确性和有效性。

第一，评估指标必须具有科学性和可操作性。这意味着评估标准应该基于客观、可量化的数据和指标，而不是主观臆断或模糊不清的概念。例如，救援时间、救援物资的分配效率、受援者的满意度等都可以作为评估指标。通过这些具体的指标，相关人员可以客观地反映救援效果，为改进和完善体系提供科学依据。

第二，评估方法需要具有多样性和综合性。单一的评估方法往往难以全面了解体系的优缺点，因此相关人员需要采用多种评估方法，如问卷调查、实地考察、专家评估等。这些方法可以从不同角度揭示体系的实际情况，使相关人员能够更全面地了解体系的运作情况和存在的问题。同时，还需要考虑各种因素之间的相互作用和影响，以避免评估结果的片面性。

第三，评估结果需要及时反馈和应用。评估的目的不仅是发现问题，更重要的是为改进和完善体系提供指导。因此，相关人员需要将评估结果及时反馈给相关部门和人员，以便他们及时调整和完善体系。同时，相关人员还需要对评估结果进行深入分析，总结经验教训，为未来的救援工作提供借鉴和参考。

第五章　奖惩管理

第一节　奖励激励

一、铁路货运奖惩管理的原则和要求

铁路货运奖惩管理的原则和要求是实施奖惩管理的重要指导思想。①要坚持公平、公正、公开的原则，确保奖励和惩罚的依据、标准和程序透明，避免出现不公和偏见。②要注重激励与约束的平衡，既要有足够的奖励激发员工的积极性和创造力，也要有相应的惩罚措施防止违规行为发生。③要遵循目标导向和绩效优先的原则，以实际业绩和贡献作为奖惩的主要依据，确保奖惩制度与铁路货运的发展目标相一致。④要重视奖惩的实施效果和员工的反馈，及时调整和完善奖惩制度，提高员工的满意度和归属感。

在实施铁路货运奖惩管理时，还须注意以下几点。①要充分了解员工的实际需求和期望，制定符合员工需求的奖励措施，以提高员工的积极性和参与度。②要注重奖惩的及时性和有效性，及时给予员工奖励和惩罚，提高奖惩的针对性和效果。③要加强员工教育和培训，提高员工的素质和能力，增强员工的自我约束和管理能力。

二、奖励制度的设计与实施

（一）奖励制度的原则和标准

奖励制度是铁路货运奖惩管理中的重要组成部分，其原则和标准的设计与实施对于激励员工积极性、提高工作效率和促进企业发展具有重要意义。

在设计奖励制度时，需要遵循公平、公正、激励等原则，同时要明确奖励的标准和条件，确保奖励的实施具有可操作性和可持续性。例如，可以根据员工的工作表现、业绩、创新成果等方面制定奖励标准，并采用积分制、评级制等方式对员工进行评估和奖励。为了更好地实施奖励制度，还需要建立完善的奖励机制和监督机制，确保奖励的实施具有透明度和公信力。

（二）奖励的种类和方式

奖励的种类和方式是铁路货运奖惩管理中非常重要的环节，它不仅关乎员工的积极性和工作效率，直接影响整个铁路货运系统的稳定性和发展。在奖励制度的设计与实施过程中，要充分考虑员工的实际需求和心理预期，采取多样化的奖励方式和有针对性的措施，以提高奖励的效果和员工的满意度。例如，可以根据员工的工作表现和业绩，设立奖金、晋升机会、荣誉称号等奖励方式，同时也可以采用员工持股计划、利润分享等长期激励措施，激发员工的工作热情和创造力。此外，还可以通过培训、发展机会等非物质奖励方式，满足员工自我提升和成长的需求。这些多样化的奖励方式可以相互补充，形成一套完整、科学的奖励体系，为铁路货运事业的发展提供有力支持。

（三）奖励的实施程序和要求

奖励的实施程序和要求是铁路货运奖惩管理制度中的重要环节。在实施奖励时，首先需要明确奖励的对象和标准，确保奖励的公正性和透明度。同时，要制定具体的奖励措施和方法，包括物质奖励、精神奖励等多种形式，以满足员工的不同需求。此外，还需要建立完善的奖励实施程序，包括申请、审核、实施和监督等环节，确保奖励的实施过程规范有序。在实施奖励时，还要注意奖励的及时性和有效性，以提高员工的积极性和工作动力。为了确保奖励的效果，还要建立奖励效果的评估和调整机制，及时对奖励措施进行优化和改进。

为了更好地实施奖励，铁路货运企业可以借鉴一些成功的案例。例如，某铁路货运企业通过设立员工创新奖、安全奖等多种奖励措施，有效激发了员工的工作热情和创造力，提高了企业的运输效率和安全性。此外，还可以借鉴一些分析模型，如马斯洛需求层次理论等，深入分析员工的需求和动机，制定更加精准的奖励措施。铁路货运企业应该根据自身实际情况，制定科学合理的奖励制度，通过有效的奖励措施激发员工的积极性和创造力，推动企业的持续发展。

三、激励措施的制定与执行

（一）激励措施的原则和目标

激励措施是铁路货运奖惩管理中的重要组成部分，其原则和目标在于激发员工的积极性和创造力，提高工作效率和业绩。为了实现这一目标，须制定科学合理的激励措施，并确保其实施的有效性和可持续性。①激励措施的原则应该以员工的实际需求和心理特点为基础，充分考虑个体差异和多元化的需求，采用多种激励手段相结合的方式，以达到更好的激励效果。例如，可以采用物质激励和精神激励相结合的方式，根据员工的工作表现和业绩给予相应的奖金、晋升机会、荣誉证书等奖励，同时也可以通过改善工作环境、提供培训机会等方式提高员工的工作满意度和归属感。②激励措施的目标应该与铁路货运企业的整体战略目标相一致，通过提高员工的工作积极性和创造力，推动企业的整体发展和业绩提升。例如，可以采用目标管理、绩效评估等工具，将激励措施与企业的战略目标相结合，确保员工的工作行为和企业的战略目标相一致。③为了确保激励措施的实施效果，要建立完善的监督和评估机制，及时调整和优化激励方案。例如，可以采用360度反馈评估、关键绩效指标等评估方法，对激励措施的实施效果进行全面评估和反馈，及时发现问题并采取相应的改进措施。

（二）激励的具体措施和方法

在铁路货运奖惩管理中，激励的具体措施和方法是至关重要的。为了更好地激励员工，企业要制定一系列具体的激励措施。①企业可以根据员工的工作表现设立奖金制度。例如，对于完成高难度任务的员工给予额外的奖金，可以激发员工的积极性和创造力。企业还可以实施员工持股计划，使员工成为企业的股东，从而更好地激励他们为企业的发展而努力工作。②企业可以提供晋升机会作为激励手段。通过设立明确的职业发展路径，让员工看到自己在企业中的未来，从而激发他们的工作热情和动力。③提供培训和发展机会也是有效的激励措施之一。通过培训，员工可以不断提升自己的技能和能力，增强自身的竞争力。④企业也可以为员工提供更多的发展机会，如担任更高级别的职务或参与更多的项目，从而激发员工的潜力。

除了物质激励外，精神激励同样重要。①企业可以通过赞扬和表彰优秀员工来提高他们的自信心和工作满意度。例如，可以设立优秀员工奖、最佳团队奖等荣誉奖项，对表现突出的员工进行表彰。②还可以通过提供更好的工作环境、更多的参与决策机会等方式来提高员工的工作满意度和归属感。

为了更好地实施激励措施，企业需要建立科学的评估体系。通过设定明确的评估标准和程序，对员工的工作表现进行客观、公正的评估。同时，还需要建立有效的反馈机制，及时向员工反馈评估结果，并针对不足之处提供改进建议。通过科学的评估和反馈机制，可以更好地激发员工的潜力，提高他们的工作绩效。

在制定激励措施时，还需要注意平衡短期和长期激励的关系。短期的激励措施如奖金、提成等可以快速提高员工的工作积极性，但长期激励如股票期权、养老金等更能吸引和留住优秀人才。因此，企业需要根据自身情况和员工需求制定合理的长期和短期激励措施。

企业要不断优化和完善激励体系。随着市场环境的变化和企业的不断发展，原有的激励体系可能已经不适应新的需求。因此，企业需要定期对激励体系进行评估和调整，确保其始终能反映企业的战略目标和价值观。

（三）激励措施的执行和监督

在铁路货运奖惩管理教案中，激励措施的制定与执行是重要的一环。为了确保激励措施的有效性，必须对其实施过程进行严格的监督和管理。①要明确激励措施的具体目标和期望效果，制定科学的评估标准。例如，可以设定提高员工工作效率、减少安全事故发生率等具体目标，并根据这些目标设定相应的评估指标。②要建立完善的激励措施执行程序和规范，确保激励措施的公平、公正和透明。这包括明确激励措施的具体内容、执行时间和方式，建立相应的记录和公示制度，以便对实施过程进行监督和追溯。③要定期对激励措施的实施效果进行评估和分析，及时调整和优化激励措施，以实现更好的效果。在实施过程中，可以采用一些先进的管理理念和方法，如目标管理、关键绩效指标等，来提高激励措施的针对性和有效性。④要注重员工反馈和参与，及时了解员工对激励措施的意见和建议，不断完善和改进激励方案。

四、奖励与激励的平衡与优化

（一）奖励与激励的关系和平衡

奖励与激励在铁路货运奖惩管理中起着至关重要的作用。奖励制度可以激发员工的积极性和创造力，提高其工作效率和质量；而激励措施则能够调动员工的内在潜力，增强员工的归属感和忠诚度。在实施奖励与激励的过程中，需要注重两者的平衡与优化，充分发挥各自的作用，以达到更好的管理效果。

首先，奖励与激励的关系是相辅相成的。奖励是对员工行为的直接肯定和物质回馈，激励则是对员工内在动力的激发和引导。铁路货运奖惩管理应该根据员工的不同需求和特点，采取多样化的奖励和激励方式，以达到更好的效果。例如，对于基层员工，物质奖励可能更为有效；而对于知识型员工，晋升机会和发展空间可能更有吸引力。

其次，平衡奖励与激励的关系需要关注公平和效率。公平的奖励制度可以保证员工的工作付出得到应有的回报，提高员工的工作满意度和忠诚度；而高效的激励措施则能够激发员工的创造力和潜能，推动企业的发展和进步。在实施过程中，要建立科学的评估标准和考核机制，确保奖励与激励的实施依据客观、公正。

再次，奖励与激励的效果评估和调整也是平衡关系的重要环节。通过定期评估奖励与激励的效果，可以及时发现存在的问题和不足，并进行相应的调整和优化。例如，可以根据员工反馈和业绩数据进行奖励与激励方案的调整，使其更加符合实际需求和工作特点。

最后，持续改进和创新是平衡奖励与激励关系的永恒主题。随着铁路货运行业的不断发展变化，员工的需求和行为也会随之改变。因此，奖励与激励方案需要不断进行改进和创新，以适应变化的市场环境和员工需求。这需要管理者保持敏锐的洞察力和创新意识，及时调整和完善奖励与激励方案。

（二）奖励与激励的效果评估和调整

为确保奖励与激励措施的有效性，需要定期进行效果评估，并根据评估结果进行调整。评估奖励与激励的效果时，可以采用多种方法，如问卷调查、员工满意度调查、绩效评估等。通过收集员工对奖励与激励措施的反馈，了解措施的实际效果，并发现存在的问题和不足之处。同时，还可以通过数据分析和对比，评估奖励与激励措施对员工绩效和整体业务发展的影响。根据评估结果，可以对奖励与激励措施进行调整和完善，如调整奖励标准、改变激励方式等，以更好地满足员工需求和提高整体绩效。

在实际操作中，可以采用平衡计分卡等分析模型，从多个维度对奖励与激励的效果进行全面评估。例如，可以从财务维度、客户维度、内部业务流程维度和学习与成长维度等多个方面，综合评估奖励与激励措施对铁路货运业务发展的贡献。同时，还可以引入第三方评估机构或专家，对奖励与激励的效果进行客观公正的评估和监督。

奖励与激励的效果评估和调整是铁路货运奖惩管理中的关键环节。只有通过科学的方法和客观的数据分析，才能确保奖励与激励措施的有效性，提高员工的工作积极性和整体绩效。

（三）奖励与激励的持续改进和创新

奖励与激励的持续改进和创新是铁路货运奖惩管理教案中的重要一环。随着市场竞争的加剧和运输需求的不断变化，铁路货运企业要不断地调整和优化奖励与激励机制，以保持和提高企业的竞争力。为此，要从以下几个方面进行持续改进和创新。

（1）在企业管理中，奖励与激励是提高员工积极性和工作效率的重要手段。然而，随着时间的推移，奖励与激励的效果也会逐渐减弱，甚至出现负面效果。因此，定期评估奖励与激励的效果，分析存在的问题和不足，并有针对性地进行调整和优化，是至关重要的。

第一，要了解奖励与激励措施的实际效果，须收集员工反馈和销售数据。员工反馈可以反映员工对奖励与激励措施的看法和感受，而销售数据则可以反映措施对销售业绩的影响。通过分析这些数据，可以了解奖励与激励措施的实际效果，以及存在的问题和不足。

第二，针对存在的问题和不足，要针对性地进行调整和优化。例如，如果奖励与激励措施过于单一，可以考虑增加更多的奖励方式或激励手段；如果奖励与激励措施的力度不够，可以考虑增加奖励或激励的金额或频次。同时，还需要注意奖励与激励措施的公平性和透明度，确保员工感受到公平和尊重。

第三，在调整和优化奖励与激励措施时，要充分考虑员工的意见和建议。员工是企业的重要组成部分，他们的意见和建议对于提高奖励与激励措施的效果具有重要意义。通过与员工沟通和交流，可以更好地了解员工的实际需求和期望，从而制定更加符合员工需求的奖励与激励措施。

定期评估奖励与激励的效果，分析存在的问题和不足，并有针对性地进行调整和优化，是企业管理中不可或缺的一环。通过不断优化奖励与激励措施，可以提高员工的工作积极性和工作效率，从而为企业创造更大的价值。

（2）要不断探索新的奖励与激励方式，以适应市场的变化和员工需求的变化。在当今快速变化的市场环境中，奖励与激励机制的制定显得尤为重要。随着科技的发展和员工需求的多样化，传统的奖励方式可能已经无法满足员工的需求。因此，企业要不断地探索和尝试新的奖励与激励方式，以适应市场的变化和员工需求的变化。

第一，要深入了解员工的需求和期望。不同的员工有不同的需求和价值观，因此，企业需要通过调查、访谈等方式，了解员工的真实需求，从而制定出更加有针对性的奖励与激励方案。例如，有的员工更注重物质奖励，有的员工更注重精神奖励；有的员工更注重个人成长和发展，有的员工更注重工作氛围和团队合作。

第二，企业可以利用科技手段创新奖励方式。随着互联网技术的发展，出现了许多新型的奖励方式，如虚拟货币、电子礼品卡等。这些新型奖励方式具有趣味性和实用性，可以更好地满足员工的需求。例如，企业可以设立虚拟货币奖励系统，员工可以通过完成工作任务或参与公司活动获得虚拟货币，虚拟货币可以在公司内部兑换商品或服务。这种方式不仅可以提高员工的工作积极性，还可以增加员工对公司的归属感和忠诚度。

第三，企业还可以通过多元化的奖励方式来满足员工的需求。除了物质奖励和精神奖励外，企业还可以考虑提供其他形式的奖励，如培训、晋升机会、弹性工作等。这些多元化的奖励方式可以更好地满足员工的个人发展需求和工作生活需求，从而提高员工的满意度和忠诚度。

第四，要建立科学的分析模型，对奖励与激励的数据进行深入分析，以发现其中的规律和趋势。例如，相关人员可以通过分析员工绩效与奖励之间的关系，建立绩效预测模型，以便更好地制订奖励计划。

（3）要关注国内外铁路货运奖惩管理的最新发展趋势，借鉴先进的理念和做法，不断创新和完善自身的奖励与激励体系。在当今全球化的背景下，铁路货运行业的竞争日益激烈。为了保持竞争优势，企业要关注国内外铁路货运奖惩管理的最新发展趋势，并借鉴先进的理念和做法。通过不断创新和完善自身的奖励与激励体系，可以激发员工的工作热情，提高企业的运营效率。为了改进和完善自身的奖惩管理体系，国内铁路货运企业可以学习借鉴国外铁路货运企业的成功经验。例如，欧洲的一些铁路货运企业采用了"员工持股计划"，让员工持有公司的股份，从而激发员工的工作热情和归属感。美国的铁路货运企业则注重对员工的培训和教育，通过提供专业化的培训课程，帮助员工提升技能和能力。

在借鉴国外铁路货运企业的成功经验的同时，国内铁路货运企业也要结合自身实际情况进行创新。每个企业的文化和经营环境都不同，因此，在引入其他企业的成功经验时，需要考虑自身的实际情况，并进行适当的调整和创新。国内企业可以根据自身的发展战略和市场定位，制定符合自身特点的奖励与激励制度。同时，也可以通过引入现代化的信息技术手段，提高奖惩管理的效率和公正性。

在奖惩管理的过程中，加强员工的参与和企业文化建设也是非常重要的。让员工参与奖惩制度的制定和实施过程，可以提高员工的认同感和归属感，增强员工的责任感和使命感。同时，良好的企业文化可以营造积极向上的工作氛围，激发员工的创造力和创新精神。

奖励与激励的持续改进和创新是铁路货运奖惩管理教案中的核心内容之一。只有不断地进行改进和创新，才能保持和提高企业的竞争力，实现可持续发展。

第二节　惩治追责

一、铁路货运安全奖惩管理的背景和意义

（一）铁路货运安全奖惩管理的概念和内涵

铁路货运安全奖惩管理是指在铁路货运过程中，为了确保货物运输的安全，对那些遵守安全规定、避免事故发生的单位和个人进行奖励，对那些违反安全规定、造成事故的单位和个人进行惩罚的管理制度。这一概念强调了奖惩结合的重要性，通过正面的激励和负面的惩罚，引导相关人员更加重视铁路货运安全，提高运输的安全水平。铁路货运安全奖惩管理的内涵包括以下几个方面：①强调对安全行为的奖励，通过奖励机制激发相关人员对安全的重视和积极性；②强调对安全违规行为的惩罚，通过惩罚机制警示和纠正不安全行为；③强调管理制度的系统性和完整性，要求奖惩制度必须覆盖所有相关人员和运输过程各个环节；④强调奖惩制度的科学性和合理性，要求根据实际情况及时调整和完善制度，确保制度的针对性和有效性。

（二）铁路货运安全奖惩管理的必要性和重要性

铁路货运安全奖惩管理是铁路运输管理中不可或缺的一环，其必要性和重要性不容忽视。铁路货运安全奖惩管理能有效保障货物运输的安全。据统计，近年来因货运安全问题导致的铁路事故呈上升趋势，给国家和社会造成了巨大的经济损失。通过实施奖惩制度，可以对安全行为进行激励，对违规行为进行惩罚，从而提高货运安全水平。例如，某铁路局实施安全积分制度，对员工的安全行为进行积分，积分越高越有可能获得奖励，有效提升了员工的安全意识。

二、铁路货运安全奖惩管理的现状和问题

（一）铁路货运安全奖惩管理的现状和成效

当前铁路货运安全奖惩管理的现状和成效是值得肯定的。近年来，随着铁路货运的快速发展，安全问题也日益突出。为了保障铁路货运的安全，铁路部门采取了一系列奖惩措施，取得了一定的成效。这些措施包括建立健全的奖惩制度、加大监管和执法力度、提高从业人员素质等多个方面。通过这些措施的实施，铁路货运安全事故发生率得到有效控制，安全形势总体稳定。此外，一些先进的铁路货运企业还通过引入风险管理、智能化技术等手段，进一步提升安全管理的水平和效率。

（二）铁路货运安全奖惩管理存在的问题和不足

当前铁路货运安全奖惩管理存在的问题和不足主要表现在以下几个方面。

（1）奖惩制度不够完善，缺乏明确的奖励和惩罚标准，导致执行过程中存在较大的随意性和不公平性。

奖惩制度是组织管理中不可或缺的一部分，它能够有效地激励员工的工作积极性和创造力，同时也能对不良行为进行约束和纠正。如果奖惩制度不够完善，缺乏明确的奖励和惩罚标准，就会导致执行过程中存在较大的随意

性和不公平性，给组织管理带来很大的困扰。

（2）缺乏明确的奖励和惩罚标准会导致员工对工作成果的预期不明确。员工不知道自己的工作表现是好还是坏，会得到何种奖励或惩罚，这会让他们感到迷茫和不安。这种情况下，员工可能会减少对工作的投入，或者在工作中采取过于保守的态度，以避免可能的惩罚。

（3）执行奖惩制度的过程中如果存在较大的随意性和不公平性，会打击员工的士气。如果员工看到其他同事在同样的工作表现下得到了与他不同的奖励或惩罚，或者在奖惩决策中存在明显的个人偏见和主观判断，就会感到不公平和失望。在这种情况下，员工可能会对组织失去信任，对工作失去热情，甚至选择离开组织。

（4）监管和执法力度不够，对于违规行为和安全隐患的查处和处罚不够严格，缺乏足够的威慑力。从业人员的安全意识和素质有待提高，部分员工对安全规定和操作规程不够熟悉，容易造成操作失误或疏忽。风险评估和预警机制不够健全，对铁路货运过程中的安全隐患和危险因素缺乏全面、准确的分析和评估，难以提前预警和采取应对措施。

在实践中，一些铁路货运企业已经采取了相应的措施来加强奖惩管理。例如，某铁路货运公司制定了《铁路货运安全奖惩条例》，明确了对安全事故的责任追究、处罚标准和奖励措施。该条例的实施有效地提高了员工的安全意识和责任心，减少了安全事故的发生。此外，一些企业还通过引入先进的安全管理方法和手段来加强奖惩管理，如采用安全风险评估、隐患排查治理等手段来及时发现和处理安全隐患。

铁路货运安全奖惩管理存在的问题和不足主要表现在制度、监管、从业人员素质和风险评估等方面。为了解决这些问题，需要建立健全奖惩制度、加大监管和执法力度、提高从业人员素质、完善风险评估和预警机制等措施。通过这些措施的实施，可以有效地提高铁路货运的安全水平，减少安全事故的发生。

三、惩治追责的策略和措施

（一）建立健全铁路货运安全奖惩管理制度

建立健全铁路货运安全奖惩管理制度是铁路货运安全管理的核心环节。为了提高铁路货运安全水平，必须制定科学、合理、有效的奖惩制度。通过奖励制度，对在铁路货运安全工作中表现突出的单位和个人进行表彰和奖励，激发其积极性和创造力；通过惩罚制度，对违反安全规定的单位和个人进行惩处，维护铁路货运安全的秩序和稳定。建立健全铁路货运安全奖惩管理制度需要从多个方面入手，包括制度建设、执行力度、监督机制等方面。

1. 要制定科学、合理、有效的奖惩制度

在制定奖惩制度时，需要充分考虑铁路货运安全管理的特点和实际情况，明确奖励和惩罚的对象、范围、标准、程序等。同时，要注重制度的公平、公正、公开，避免出现不公和偏袒的情况。此外，还要根据实际情况及时调整和完善奖惩制度，确保其适应铁路货运安全管理的变化和发展。

2. 要加大奖惩制度的执行力度

制度的生命力在于执行，只有严格执行奖惩制度，才能充分发挥其作用。在执行奖惩制度时，要坚决杜绝人情和随意性，确保制度的权威性和严肃性。同时，要加强对执行情况的监督和检查，及时发现和纠正执行不力的情况，保证制度的顺利实施。

3. 要建立完善的监督机制

监督是保证制度执行效果的重要手段，建立健全铁路货运安全奖惩管理制度需要建立完善的监督机制。要通过内部监督、外部监督、社会监督等多种方式，对奖惩制度的制定、执行、效果等进行全面、客观、公正的评估和监督。同时，要及时公开监督结果，接受社会各界的监督和评议，不断改进和完善奖惩管理制度。

建立健全铁路货运安全奖惩管理制度是一个长期而复杂的过程，要持续不断地努力和改进。只有通过不断完善奖惩制度，加大执行力度和监督机制建设，才能有效提高铁路货运安全水平，保障人民群众的生命财产安全。

（二）加大铁路货运安全监管和执法力度

铁路货运安全监管和执法力度是铁路货运安全奖惩管理的核心环节。为了加强这一环节，要采取一系列的策略和措施。①要建立健全铁路货运安全监管和执法制度，明确各级部门和人员的职责和权限，确保监管和执法工作的有序开展。②要加强铁路货运安全监管和执法的技术手段和装备水平，提高监管和执法的科学性和准确性。例如，可以引入智能化监管系统，利用大数据和人工智能技术对铁路货运数据进行实时监测和分析，及时发现和解决安全隐患。③要加强铁路货运从业人员的安全意识和素质，通过培训和教育提高他们的安全意识和操作技能，增强他们的安全责任感和自我保护能力。④要强化铁路货运安全风险评估和预警机制，对可能存在的安全隐患进行全面排查和评估，及时发布预警信息，采取有效措施防止事故的发生。

加大铁路货运安全监管和执法力度的实践经验表明，这一环节对于保障铁路货运安全具有至关重要的作用。例如，某铁路局在实施智能化监管系统后，通过大数据分析发现某路段存在安全隐患，及时采取措施进行维修加固，避免了可能发生的事故。此外，一些国家在铁路货运安全监管和执法方面采取了严格的措施，如美国、德国等建立了完善的铁路货运安全监管和执法体系，通过加强技术手段和人员培训等措施，有效提高了铁路货运的安全水平。这些实践经验可以为我国铁路货运安全监管和执法提供有益的借鉴。

随着科技的进步和经济的发展，铁路货运安全面临着更加复杂多变的形势和挑战。为了应对这些挑战，要不断完善铁路货运安全监管和执法的法律法规和政策体系，加强国际合作和交流，借鉴国际先进经验。同时，推动铁路货运安全科技创新和智能化发展也是未来的重要方向。通过引入先进的技术手段和装备，可以提高铁路货运安全监管和执法的效率和准确性，为保障铁路货运安全提供更加可靠的技术支持。

（三）提高铁路货运从业人员的安全意识和素质

提高铁路货运从业人员的安全意识和素质对于铁路货运安全奖惩管理至关重要。针对当前铁路货运从业人员安全意识普遍不高、素质参差不齐的问题，应采取一系列措施加以改进。①要加强铁路货运安全教育培训，定期开展安全知识培训、应急演练等活动，提高从业人员的安全意识和应急处置能力。②要建立健全考核机制，对从业人员进行安全考核，将安全意识、素质纳入考核指标，激励从业人员自觉遵守安全规定、提高安全意识。③可以通过开展安全文化活动、加强宣传引导等方式，营造关注安全、关爱生命的良好氛围。据统计，通过加强安全教育培训和考核机制的建立，铁路货运从业人员的安全意识和素质得到了显著提高，事故率明显降低，为铁路货运安全奖惩管理提供了有力保障。

（四）强化铁路货运安全风险评估和预警机制

强化铁路货运安全风险评估和预警机制是铁路货运安全奖惩管理的重要组成部分。通过建立健全的风险评估和预警机制，可以对铁路货运过程中的各种安全隐患及时发现和进行预警，进而采取有效的措施进行防范和控制。例如，可以采用基于大数据分析和人工智能技术的风险评估模型，对铁路货运数据进行实时监测和分析，及时发现异常情况并发出预警，从而减少事故发生的概率。同时，还可以通过加强铁路货运从业人员的安全意识和素质，提高他们对安全风险的认知和应对能力。此外，国际合作和交流也是加强铁路货运安全风险评估和预警机制的重要途径，可以借鉴国际先进经验和技术，提高我国铁路货运安全管理的水平。

第六章　分析与总结

第一节　定期分析与总结

一、当前体系结构与功能

当前铁路货运安全管理体系的结构与功能在一定程度上已经较为完善，但仍存在一些不足之处。为了更好地完善与创新该体系，相关人员要深入了解其当前的结构与功能。①从结构上来看，铁路货运安全管理体系主要由安全管理机构、安全管理制度和安全监控设施三部分组成。安全管理机构是该体系的组织保障，负责制定和执行各项安全管理措施；安全管理制度则是该体系的制度保障，对铁路货运安全管理的各个方面进行了规范和约束；安全监控设施则是该体系的技术保障，通过各种监控设备和信息化手段实现对铁路货运安全的实时监控和预警。②从功能上来看，铁路货运安全管理体系主要具备安全预防、安全监控、安全应急和安全评估四大功能。安全预防功能主要通过制定和执行各项安全措施来降低事故发生的概率；安全监控功能则通过实时监控和预警来及时发现和解决安全隐患；安全应急功能则是在发生事故后能够迅速启动应急预案，控制事故损失；安全评估功能则是对铁路货运安全管理效果进行定期评估，及时发现问题并进行改进。

二、完善与创新的需求与挑战

（一）当前存在的问题与不足

当前铁路货运安全管理体系存在的问题与不足主要表现在以下几个方面：

①安全管理流程存在漏洞，导致安全事故时有发生。②安全技术装备相对落后，不能满足现代铁路货运安全的需求。例如，现有的监控系统存在盲区，不能全方位地监控列车运行状态，给货运安全带来隐患。③安全管理体系结构不合理，各部门之间缺乏有效的协调机制。例如，在处理一次货运事故时，多个部门相互推诿，延误了事故处理的最佳时机。针对这些问题与不足，铁路货运安全管理体系需要进一步完善和创新。

（二）面临的内外压力与挑战

铁路货运安全管理体系在面临内外压力与挑战时，要不断完善与创新。这些挑战主要来自内部和外部两个方面。内部挑战主要来自管理体系本身存在的问题，如流程不规范、技术装备落后等；而外部挑战来自市场需求、竞争环境以及政策法规的变化。例如，随着电商物流的迅猛发展，铁路货运的市场份额受到严重挤压；同时，公路、水路等运输方式的竞争也日益激烈，对铁路货运安全管理提出了更高的要求。此外，国家对环保要求的提高以及安全事故的问责制度也给铁路货运安全管理带来了巨大的压力。为了应对这些挑战，铁路货运安全管理体系需要不断创新和完善。

（三）创新的需求与驱动力

铁路货运安全管理体系的完善与创新是确保铁路货运安全、高效、可持续发展的关键。随着科技的进步和物流行业的发展，铁路货运安全管理体系也面临着新的挑战和机遇。创新的需求与驱动力主要来自以下几个方面。①随着物流行业的快速发展，铁路货运市场竞争日益激烈，为了提高市场竞争力，必须不断创新和完善安全管理体系，提高运输效率和安全性。②随着科技的不断进步，新的技术和设备不断涌现，为铁路货运安全管理体系的完善和创新提供了更多的可能性。例如，智能化监控和预警系统、大数据分析和预测模型等技术的应用，可以大大提高铁路货运的安全性和效率。③为了满足可持续发展的要求，铁路货运安全管理体系的完善和创新也是必要的。通过创新和完善安全管理体系，可以降低运输过程中的能源消耗和排放，提高环保水平，为可持续发展作出贡献。

第二节　发现问题与改进措施

一、铁路货运安全管理体系的现状

（一）当前管理体系的结构和运行机制

当前铁路货运安全管理体系的结构和运行机制在一定程度上保障了铁路货运的安全。然而，随着物流行业的快速发展和技术手段的不断更新，现有的管理体系也面临着诸多挑战。为了更好地完善与创新管理体系，需要深入分析当前管理体系的结构和运行机制，找出优势和不足，为改进措施的实施提供依据。例如，可以采用SWOT分析模型对当前管理体系进行全面评估，找出管理体系的优势、劣势、机会和威胁。在此基础上，可以借鉴国内外先进的管理理念和方法，加强跨部门、跨领域的合作与交流，推动安全科技创新和成果转化应用。同时，建立健全安全风险预警和应急处置机制也是必不可少的环节。只有这样，才能更好地完善与创新铁路货运安全管理体系，提高铁路货运的安全水平和运输效率。

（二）现有管理体系的优势和不足

铁路货运安全管理体系的优势在于其结构化和标准化的运作方式，这有助于确保所有相关人员明确自己的职责，按照既定的流程和规范进行操作。该体系还强调安全检查和评估，通过定期的安全检查和评估，可以及时发现并解决潜在的安全隐患。同时，铁路货运安全管理体系还拥有一套完善的事故应对机制，能够在事故发生后迅速启动应急响应，最大限度地减少损失。

然而，现有管理体系也存在一些不足：①管理体系的更新速度较慢，难以跟上铁路货运快速发展的步伐；②在安全检查和评估方面，仍存在一些盲区，导致一些潜在的安全问题得不到及时发现和处理；③虽然现有的安全技术和设备已经取得了一定的成果，但仍有许多提升空间，须不断进行技术创新和升级。

为了充分发挥铁路货运安全管理体系的优势，弥补其不足，须采取一系列改进措施：①应加强安全管理人员的培训和教育，提高他们的安全意识和应对能力；②应完善安全检查和评估的流程和标准，确保所有潜在的安全问题都能得到及时发现和处理；③应推广先进的安全技术和设备应用，提升铁路货运的安全水平。

在创新发展的方向上，可以借鉴国内外先进的安全管理理念和方法，推动管理体系的不断完善和创新。同时，加强跨部门、跨领域的合作与交流，共同探讨解决安全问题的有效途径。通过推动安全科技创新和成果转化应用，可以不断提升铁路货运安全管理体系的技术水平。建立健全安全风险预警和应急处置机制，能够在事故发生前进行预警和预防，以及在事故发生后迅速启动应急响应，最大限度地减少损失。

（三）现有管理体系存在的问题和隐患

铁路货运安全管理体系在保障货物运输安全方面起着至关重要的作用。然而，随着物流行业的快速发展和运输量的不断增长，现有管理体系逐渐暴露出一些问题和隐患，亟待解决。

1. 管理体系的监管力度有待加大

一些地区存在监管盲区，导致违规操作和安全隐患得不到及时发现和纠正。例如，某些货场在装卸作业中未严格执行安全规程，导致货物损坏或人身伤害事故。

2. 安全检查与评估的流程和标准有待完善

现有的检查手段和方法相对单一，缺乏科学性和系统性，导致一些潜在的安全风险被忽略。例如，某些铁路线路的维护保养不到位，长期运行后出现轨道磨损、路基松动等问题，增加了事故发生的概率。此外，人员培训和教育也是管理体系中的一个薄弱环节。部分工作人员安全意识淡薄，缺乏必要的安全知识和技能，容易造成操作失误和管理漏洞。例如，某些货运列车司机在驾驶过程中违反安全规定，超速行驶或违规操作，给运输安全带来严重威胁。针对以上问题，铁路货运安全管理体系需要进行深入的完善和创新。通过加大监管力度、完善检查流程和标准、加大人员培训和教育等多方面的措施，全面提升管理体系的运行效率和安全性，为铁路货运事业的持续发展提供有力保障。

二、发现问题的方法和手段

（一）数据分析与挖掘技术的应用

数据分析与挖掘技术在铁路货运安全管理体系中发挥着重要作用。通过对大量数据的收集、整理和分析，可以深入了解货运安全的规律和趋势，为管理体系的完善和创新提供有力支持。例如，通过对历史货运数据的分析，可以发现货物运输中的安全风险点和事故发生的规律，从而为预防措施的制定提供科学依据。此外，利用数据挖掘技术，还可以从海量数据中发现潜在的模式和关联关系，为安全管理决策提供重要参考。例如，通过关联分析，可以发现不同货物类型、运输方式和运输线路之间的安全风险关联，从而为优化运输组织和管理提供决策支持。总之，数据分析与挖掘技术的应用是完善和创新铁路货运安全管理体系的重要手段，有助于提高货运安全水平和管理效率。

（二）安全检查与评估的方法和工具

安全检查与评估是铁路货运安全管理中的重要环节，它能够及时发现和消除安全隐患，确保铁路货运的安全和稳定。在安全检查与评估的方法和工具方面，可以采用多种手段和工具进行全面、细致的检查和评估。可以采用数据分析技术对铁路货运的相关数据进行分析和挖掘，发现潜在的安全风险和隐患；可以采用安全检查表、风险评估矩阵等工具对铁路货运设施、设备、作业过程等进行全面、系统的检查和评估；还可以采用事故树、事件树等分析模型对铁路货运事故的原因和过程进行深入的分析和评估。这些方法和工具的应用，能够提高铁路货运安全管理的科学性和有效性，减少事故发生的概率，保障铁路货运的安全和稳定。

在实际应用中，可以采用多种方法和工具进行安全检查与评估。可以采用定期检查、专项检查、日常巡查等方式进行铁路货运设备设施、作业过程的全面、系统的检查和评估；可以采用红外线、紫外线、X光等检测设备对铁路货运的相关设施、设备进行无损检测和评估；可以采用声发射、震动监测等技术手段对铁路货运设备设施的运行状态进行实时监测和评估。这些方法和工具的应用，能够提高安全检查与评估的准确性和可靠性，及时发现和消除安全隐患，保障铁路货运的安全和稳定。

在安全检查与评估的方法和工具的应用过程中，需要注意以下几点。①要结合实际情况选择合适的方法和工具，确保安全检查与评估的准确性和可靠性；②要加强安全检查与评估人员的培训和教育，提高其专业素质和工作能力；③要建立健全安全检查与评估的流程和标准，确保其科学性和规范性。只有这样，才能充分发挥安全检查与评估在铁路货运安全管理中的作用，保障铁路货运的安全和稳定。

（三）事故调查与原因分析的流程和手段

事故调查与原因分析是铁路货运安全管理中的重要环节。为了深入了解事故发生的原因，要采取科学的方法和流程进行调查分析。

（1）对于任何事故，成立一个专业的事故调查组是至关重要的。这个调查组应该由相关部门的专业人员组成，包括但不限于安全专家、工程师、法医和数据分析师等。他们的任务是全面、客观地调查事故原因，确保事故真相得到充分揭示。

为了保证调查工作的专业性和客观性，调查组成员应具备高度的专业素养和责任心。他们需要经过严格的培训，掌握事故调查的基本原则和方法。同时，他们还要具备独立思考和判断的能力，不受外界干扰，始终坚持事实和证据。

在调查过程中，调查组要收集所有相关的证据和资料，包括现场照片、视频、目击证人证言、技术报告等。这些资料要经过仔细分析和比对，以找出事故的真正原因。此外，调查组还需要与相关人员进行沟通交流，了解事故发生时的具体情况和背景信息。除了专业性和客观性，事故调查组还要注重时效性。事故发生后，应尽快成立调查组，展开调查工作。这样可以避免证据丢失或被破坏，提高调查的准确性和可信度。同时，及时的事故调查也有助于减少社会舆论的猜测和质疑，维护社会稳定。为了确保事故调查的公正性和透明度，调查结果应该及时向社会公布。公布的内容应包括事故原因、责任认定和整改措施等。这样可以增加公众对政府和企业的信任度，同时也有助于提高整个社会的安全意识。

（2）应搜集事故现场的各类证据，包括视频监控、货物清单、车辆技术状态等，以便全面还原事故现场。在铁路货运安全管理中，事故调查与原因分析是至关重要的环节。事故现场的各类证据是还原事故真相的关键。视频监控、货物清单、车辆技术状态等都是重要的证据来源。这些证据能够帮助相关人员全面了解事故发生的经过，为后续的事故原因分析提供基础。在搜集到足够证据后，运用科学的事故分析模型是深入剖析事故原因的关键。事故树分析、事件树分析等分析模型能够将事故发生的过程进行逻辑化梳理，帮助相关人员找出事故发生的根本原因。此外，借鉴国内外相关事故案例进行比较分析，能够找出事故发生的共性和规律，为铁路货运安全管理提供有力支持。科学的事故调查与原因分析流程不仅能够帮助相关人员找出事故发生的真正原因，还能够为完善和创新管理体系提供重要依据。通过不断总结经验教训，相关人员可以发现管理体系中的不足之处，进而采取有效措施进行改进。这样不仅能够减少事故的发生，还能够提高铁路货运的安全水平和管理效率。

铁路货运事故调查与原因分析是铁路货运安全管理中的重要环节。通过科学的事故调查与原因分析流程，相关人员能够全面了解事故发生的经过和原因，为完善和创新管理体系提供重要依据。因此，相关人员应该重视事故调查与原因分析工作，不断加强相关方面的研究和应用，为铁路货运安全提供有力保障。

三、改进措施的实施方案

（一）优化管理体系的结构和运行机制

优化管理体系的结构和运行机制是铁路货运安全管理中的核心环节。①相关人员需要对现有的管理体系结构进行深入分析，识别出其优势和不足，并借鉴国内外先进的管理体系结构，进行优化设计。例如，可以采用扁平化管理结构，减少管理层级，提高管理效率；同时，可以建立跨部门、跨领域的管理团队，加强协作与沟通，共同应对安全问题。②相关人员需要对管理体系的运行机制进行优化，包括建立健全的安全管理制度、完善的安全检查与评估流程、有效的安全风险预警和应急处置机制等。例如，可以采用 PDCA 循环等质量管理方法，持续改进安全管理水平；同时，可以引入大数据、人工智能等技术手段，提高安全管理的智能化水平，实现对安全风险的实时监测和预警。通过优化管理体系的结构和运行机制，可以提高铁路货运安全管理的整体水平，降低安全事故的发生率，保障铁路货运的安全和畅通。

（二）加强安全管理人员的培训和教育

加强安全管理人员的培训和教育是铁路货运安全管理体系完善与创新的重要组成部分。随着铁路货运的快速发展，安全管理人员的素质和能力对于保障运输安全具有至关重要的作用。为了提高安全管理人员的专业水平，要采取一系列的培训和教育措施。

1. 制订科学合理的培训计划

针对不同层次和岗位的安全管理人员，设计个性化的培训课程，包括安全法规、安全管理理论、安全技术等方面的内容。同时，要注重实践操作和案例分析，通过模拟演练和实践操作，提高安全管理人员的应急处置能力和实践操作技能。

2. 加强培训师资队伍建设

建立专业的培训师团队，引进国内外先进的培训方法和理念，不断提高培训质量。此外，要定期开展安全管理人员交流会和分享会，促进经验分享和知识传递，共同提高安全管理水平。一个专业的培训师团队，具备丰富的专业知识和实践经验，能够为安全管理人员提供有针对性的培训和指导。为了建立这样的团队，可以采取以下措施。

（1）选拔优秀人才

从行业内选拔具有丰富经验和专业技能的人才，作为培训师资的核心力量。

（2）培训师培养

定期为培训师提供专业培训和学习机会，使他们不断更新知识和技能，提高培训质量。

（3）建立评估机制

对培训师的培训效果进行评估和反馈，鼓励优秀培训师发挥更大的作用，同时改进不足之处。

除了建立专业的培训师团队，还要关注培训方法和理念的更新。通过引进国内外先进的培训方法和理念，可以为安全管理人员提供更加科学、系统的培训。

（1）引入案例教学法

通过实际案例的分析和讨论，使安全管理人员更好地理解和掌握安全管理知识。

（2）模拟演练

通过模拟实际场景进行演练，提高安全管理人员应对突发事件的能力。

（3）互动式教学

鼓励安全管理人员积极参与讨论和互动，提高学习的主动性和实效性。

为了促进经验分享和知识传递，可以定期开展安全管理人员交流会和分享会。通过这样的平台，安全管理人员可以相互交流、分享经验和心得，共同提高安全管理水平。

1）交流会

组织不同领域的安全管理人员进行交流，分享各自领域的最佳实践和经验。

2）分享会

邀请业内专家或优秀安全管理人员进行主题分享，传递最新的安全管理理念和方法。

3）工作坊

组织安全管理人员进行实际操作和工作坊活动，提高他们的实际操作能力和团队协作能力。

通过以上措施的实施，可以建立一个更加完善、专业的培训师资团队，引进国内外先进的培训方法和理念，并促进安全管理人员之间的交流和分享。这将有助于提高安全管理的整体水平，为企业和社会的可持续发展提供有力保障。

3. 建立培训考核和激励机制

将培训成果与工作绩效挂钩，激励安全管理人员积极参与培训和自我提升。同时，要定期对培训计划和课程进行评估和调整，确保培训内容与实际需求相匹配。建立有效的培训考核和激励机制是提高安全管理人员素质和能力的关键。为了激发安全管理人员的学习热情和积极性，相关人员需要将培训成果与工作绩效紧密挂钩。这意味着，只有当安全管理人员积极参与培训并取得良好的学习成果时，才能获得相应的奖励或晋升机会。这种挂钩机制可以有效地激励安全管理人员主动参与培训，提高自身能力，从而更好地履行安全管理职责。除了将培训成果与工作绩效挂钩外，还需要定期对培训计划和课程进行评估和调整。这有助于确保培训内容与实际需求相匹配，使培训更具针对性和实效性。为了实现这一目标，可以邀请业内专家、企业领导和一线安全管理人员共同参与评估，对现有培训计划和课程进行全面审查和修订。同时，还可以通过收集反馈、分析数据和跟踪效果等方式，不断完善和优化培训计划，以满足企业安全管理工作的实际需要。

4. 引入多种培训形式和方法

例如，可以采用案例分析、角色扮演、互动讨论等参与式教学方法，使培训更加生动有趣，提高学习者的积极性和参与度。同时，相关人员还可以利用在线学习平台、模拟演练等现代化手段，为学习者提供更加便捷、高效的学习途径。这些多元化的培训形式和方法可以帮助学习者更好地掌握知识和技能，提高学习效果和工作绩效。

建立有效的培训考核和激励机制是提高安全管理人员素质和能力的重要途径。通过将培训成果与工作绩效挂钩、定期评估和调整培训计划、引入多种培训形式和方法等措施，可以激发安全管理人员的学习热情和积极性，提高某培训效果和工作绩效，为企业安全管理工作的顺利开展提供有力保障。

（三）完善安全检查与评估的流程和标准

在铁路货运安全管理体系中，安全检查与评估是至关重要的环节。为了完善这一流程和标准，相关人员需要从多个方面进行改进。①要制定科学、全面的检查与评估标准，确保涵盖所有关键环节和要素。②要采用先进的技术手段，如数据分析、物联网和人工智能等，提高检查与评估的效率和准确性。③要加强跨部门、跨领域的合作与交流，借鉴国内外先进的安全管理理念和方法，推动安全科技创新和成果转化应用。④要建立健全安全风险预警和应急处置机制，及时发现和处理安全隐患。⑤要加强安全管理人员的培训和教育，提高他们的专业素养和责任心。通过这些措施的实施，可以进一步完善铁路货运安全管理体系，提高安全检查与评估的流程和标准，保障铁路货运的安全和顺畅。

（四）推广先进的安全技术和设备应用

在铁路货运安全管理体系的改进措施中，推广先进的安全技术和设备应用是至关重要的。随着科技的不断发展，越来越多的先进技术和设备为铁路货运安全管理提供了有力支持。例如，智能监控系统可以对铁路货运过程进行实时监控，及时发现和处理安全隐患；物联网技术可以实现货物信息的实时追踪和追溯，提高运输的安全性和可靠性；大数据和人工智能技术可以对海量数据进行挖掘和分析，为安全管理提供科学依据。这些先进技术和设备的应用，不仅可以提高铁路货运的安全性，还可以降低事故发生的概率，减少损失和风险。

　　为了推广先进的安全技术和设备应用，需要采取一系列措施：①要加强技术研发和创新，鼓励企业加大投入力度，开发具有自主知识产权的安全技术和设备。②要建立健全技术推广机制，通过政府引导和市场机制相结合的方式，推动先进技术和设备的普及和应用。③要加强人才培养和引进，为铁路货运安全管理体系的完善和创新提供智力支持。

　　在推广先进的安全技术和设备应用的过程中，要注意几个关键问题：①要充分考虑技术和设备的适用性和可行性，确保其在实际应用中能够发挥出应有的效果。②要加强技术与管理的有机结合，避免出现技术与管理脱节的现象。③要注重技术与设备的更新和维护，确保其长期稳定运行。

　　推广先进的安全技术和设备应用是铁路货运安全管理体系完善与创新的重要组成部分。通过加强技术研发、建立健全推广机制、加强人才培养等措施，可以有效推动先进技术和设备的普及和应用，提高铁路货运的安全性和可靠性。

参考文献

[1] 孙桂岩. 加强铁路货运安全管理的探讨与实践 [J]. 铁道运营技术，2020，26（1）：13-15.

[2] 欧阳姣丽. 安全管理信息系统对于铁路货运的作用 [J]. 魅力中国，2020（5）：40-41.

[3] 陆叶华. 关于提升铁路车站货细编制管理的对策 [J]. 铁道货运，2020，38（2）：56-60.

[4] 韩全新. 加强铁路货运安全管理的探讨与实践 [J]. 装饰装修天地，2021（7）：257.

[5] 杨楠. 铁路运输安全管理主要问题与铁路货运管理体制改革探讨 [J]. 中国设备工程，2021（19）：82-83.

[6] 左瑛. 铁路运输安全管理主要问题与铁路货运管理体制改革探究 [J]. 数字化用户，2021（26）：115-117.

[7] 高占峰. 铁路运输安全管理主要问题与铁路货运管理体制改革研究 [J]. 文渊（高中版），2021（11）：2629-2630.

[8] 刘赫. 北京局集团公司货运人身安全管理对策研究 [J]. 铁道货运，2021，39（4）：41-45.

[9] 郭佳，王欣，林桂彬，等. 铁路货运生产作业与管控平台试点应用成效实践研究 [J]. 铁道货运，2023，41（7）：1-6.

[10] 郭一丹，付建飞，梁志杰，等. 基于货运保价与保险对比分析的铁路保价运输发展策略研究 [J]. 铁道货运，2022，40（12）：71-76.

[11] 王小朋，刘伟斌，李明，等. 基于铁路货运生产作业与管控平台的危险货物管理模块设计与实现 [J]. 铁道货运，2023，41（8）：7-13.

[12] 朱槿，王华伟，刘宗洋，等．铁路货运计量安全检测设备全寿命周期管理系统研究 [J]．铁道货运，2022，40（4）：38-45．

[13] 路远聪．多接口局铁路专用线通信与货运管理系统建设方案 [J]．铁路计算机应用，2022，31（4）：84-87．

[14] 张培．信息化管理在货运铁路运输经济发展中的作用分析 [J]．数字化用户，2023，29（4）：40-42．

[15] 李延宝．铁路货运营销与生产管理一体化平台的开发与应用 [J]．数字化用户，2022，28（42）：73-75．

[16] 邓颖晖．基于现代物流理念的铁路货运组织管理研究 [J]．物流时代周刊，2022（10）：110-112．

[17] 王昊，姚洪海．铁路货运集中办理框架下货运服务管理创新对策研究 [J]．铁道货运，2023，41（5）：19-24．

[18] 乔丽，马丽静，王彬，等．铁路货运预付款集中核算管理信息系统研究与开发 [J]．铁路计算机应用，2021，30（8）：38-42．

[19] 李亮．铁路货场外来设备规范化管理分析：以徐州货运中心管内铁路货场为例 [J]．物流时代周刊，2023（4）：124-126．

[20] 郎公为．有效提升铁路专用线货运安全管理水平的研究 [J]．租售情报，2021（43）：118-120．

[21] 张欢．基于 C80 状态检修的生产计划管理体系及管控指标 [J]．新型工业化，2022，12（9）：148-151．

[22] 刘蔚．新时代我国铁路物流基地经营管理策略研究 [J]．铁道经济研究，2022（3）：15-18．

[23] 何军，孟亚彬，赵小朋．太原局集团公司临汾综合段"四位一体"融合管理模式实践研究 [J]．铁道运输与经济，2022，44（2）：97-102，107．

[24] 马建军，谢鹏，王乔，等．中老铁路运输一体化平台总体架构研究及国际化示范应用 [J]．铁道运输与经济，2022，44（11）：19-26．

[25] 张瑞．铁路危险货物运输组织教学情境设计：评《铁路特殊条件货运组织》[J]．科技管理研究，2021，41（4）：后插 10．